职业教育财经类专业教学用书

会计岗位实训

（第4版）

主　编　林冬梅
副主编　罗维东　郭宇红　张立伟
主　审　刘杏妹

電子工業出版社
Publishing House of Electronics Industry
北京 · BEIJING

内 容 简 介

本书作为职业教育会计专业及相关专业的会计分岗位系列教材之一，是为适应新世纪社会主义市场经济发展的要求，为满足一些中小企业会计岗位对会计人才的需要而编写的。本书强调“以能力为本位、以就业为导向、以服务为宗旨、以学生为主体”的教学指导思想。本书分为 20 个模块，主要介绍企业中的几个主要岗位，即出纳员岗位、资本资金核算会计岗位、材料会计岗位、往来业务会计岗位、职工薪酬会计岗位、固定资产会计岗位、成本费用会计岗位、财务成果会计岗位、记账员岗位、财务报告会计岗位。本书第一篇以分模块的形式综合反映会计岗位实训的核算内容，第二篇以自制原始凭证和外来原始凭证的形式较详细地对企业发生的主要经济业务进行综合反映，并让学生定位会计岗位模拟实际操作，突出了专业基本技能的培养。

本书以培养综合性岗位基本操作技能为出发点，突出了职业教育的特色。本书面对的是职业院校会计专业的师生及在中小企业各会计岗位工作的初级会计工作人员。读者通过学习本书，既可以掌握扎实的基础知识，又可培养其实际操作技能。

图书在版编目（CIP）数据

会计岗位实训 / 林冬梅主编. —4 版. —北京：电子工业出版社，2019.9
ISBN 978-7-121-37347-3

Ⅰ. ①会…　Ⅱ. ①林…　Ⅲ. ①会计学－职业教育－教材　Ⅳ. ①F230

中国版本图书馆 CIP 数据核字（2019）第 193145 号

策划编辑：徐　玲
责任编辑：王凌燕
印　　刷：北京七彩京通数码快印有限公司
装　　订：北京七彩京通数码快印有限公司
出版发行：电子工业出版社
　　　　　北京市海淀区万寿路 173 信箱　邮编　100036
开　　本：787×1 092　1/16　印张：23.25　字数：595.2 千字
版　　次：2007 年 8 月第 1 版
　　　　　2019 年 9 月第 4 版
印　　次：2019 年 9 月第 1 次印刷
定　　价：49.00 元

凡所购买电子工业出版社图书有缺损问题，请向购买书店调换。若书店售缺，请与本社发行部联系，联系及邮购电话：（010）88254888，88258888。

质量投诉请发邮件至 zlts@phei.com.cn，盗版侵权举报请发邮件至dbqq@phei.com.cn。

本书咨询联系方式：xuling@phei.com.cn。

前　言

当前，各职业院校为培养适需人才，面向市场，突出特色，灵活设置专业及培训项目，加大了各专业实习实训项目的改革力度，切实加强实践环节，尤其是会计专业教学的分模块、分岗教学模式的应用，对于提高学生的实际技能和动手操作能力发挥了实际作用。虽然当下财务会计已逐步向管理会计转型，但学生离校前的会计分岗实训还是必须做的。本书第 3 版出版发行这几年，增值税法、个人所得税法等相关税收法律法规发生了很大的变化，企业会计准则也在不断发生变化，面对还在不断变化的税收与会计的相关法律法规，第 3 版很多内容已不适应当前变化，为了让广大师生能够直观感觉到相关法律法规的变化，使学生更好地掌握会计专业技能，根据最新的税收与会计的相关法律法规，我们重新修订编写了《会计岗位实训》（第 4 版），这是一本以实训为主的教材。本书分为两篇，第一篇为 10 个实训模块的理论陈述，第二篇为 10 个模块的实训演练。

本书所体现的主要特点有以下几个方面：

第一，强调“以能力为本位、以学生为主体、以实践为导向”的教学指导思想，围绕职业岗位需要，培养学生从事财会工作的能力，做到理论与实践相结合，训练学生的实际动手能力。

第二，内容充分体现模块化、综合化、灵活化，并且注意做好知识与能力的综合化，使知识点与能力点既不重复，又不遗漏。

第三，为学分制和弹性学制的实施留下空间。在现代职业教育中，以人为本的教学理念越来越为人们广泛接受，这充分调动了学生的积极性与主动性。本书在内容的构架组成、形式等方面都进行了创新性的设计。

第四，在内容上依据最新的法律法规，确保内容的先进性、科学性、实践性和可操作性。

本书在让学生掌握必要的会计岗位相关理论知识的同时，突出以实际经济业务为主，完全以实际业务的原始票据形式描述实训题，使学生更加直观地掌握并会自己动手操作，尤其是原始凭证区分了外来原始凭证和自制原始凭证，可以自己动手填制自制原始凭证，直接填制记账凭证并登账、对账到编制会计报表。

本书由林冬梅（教授、高级会计师）任主编，由罗维东（高级讲师）、郭宇红（博士研究生）、张立伟（副教授）任副主编。其他参编人员有：王飞、刘晶、王喜艳、张立梅、汪垚、王晓岩，并特聘企事业单位岗位会计刘凤轩（高级会计师、主管会计）、范婧（高级会计师、收费会计）、张静（出纳员）、曹晶（预算会计）、孙爽（记账会计）、徐亚凤（职工薪酬会计）对各个岗位实操业务进行审核并提出编写意见，全书由林冬梅总纂和排版设计，由刘杏妹担任本书主审。

本书配有教学指南、电子教案、教学大纲、习题答案，以上电子资源由范永强、于蕾、梁雪、张开宇、刘骅制作。请登录华信教育资源网（www.hxedu.com.cn）免费注册后下载。

《会计岗位实训》（第4版）结构上没有做调整，很多经济业务核算内容与所涉及的相关原始凭证根据新的法律法规的规定进行了调整和更新，由于相关税法和企业会计准则等还在变化，书中难免有疏漏和不当之处，敬请广大读者及时提出修改意见和建议，使之不断完善和提高。

编 者

2019年5月

目　　录

第一篇

第二篇

第一篇

模 块 1

出纳员岗位实训

出纳就是按照有关规章制度，办理单位的现金收付、银行结算及有关账务，保管库存现金、有价证券、财务印章及有关票据等。出纳员在企业中扮演着很重要的角色。

随着市场经济的持续发展，单位与单位、单位与个人之间的经济往来越来越多，而每一项经济往来又都与出纳工作紧密相连。出纳是会计工作中负责办理货币资金收付的专职岗位，从某种意义上讲，出纳是单位财会工作的重要基础和前哨，是单位经济业务活动的第一道“关卡”。出纳工作做好了，对提高单位财会管理水平有着相当重要的意义。

本模块主要介绍出纳的方法、出纳员的职责、出纳工作的交接内容及工作原则、现金业务核算与银行存款业务核算。通过本模块的学习，主要掌握如下内容。

- 出纳的方法及工作交接。
- 识别与现金、银行存款业务有关的原始凭证。
- 现金业务核算。
- 银行存款业务核算。

单元 1　出纳概述

【学习目标】 通过本单元的学习，我们要解决以下 3 个问题。

出纳的方法有哪些？

出纳员在调动或离职时需要交接的内容有哪些？需要填什么表？

现金收、付款业务的基本程序是什么？针对库存现金如何进行序时核算和总分类核算？

一、出纳的方法

出纳的方法是指用来反映、监督、考核和管理出纳对象，保证完成出纳任务的手段。它是对各单位的现金和银行存款等货币资金进行连续、系统、全面、综合的记录和计算，编制出纳收支报表，为其他会计核算提供准确、可靠的货币资金信息资料的一种科学方法。

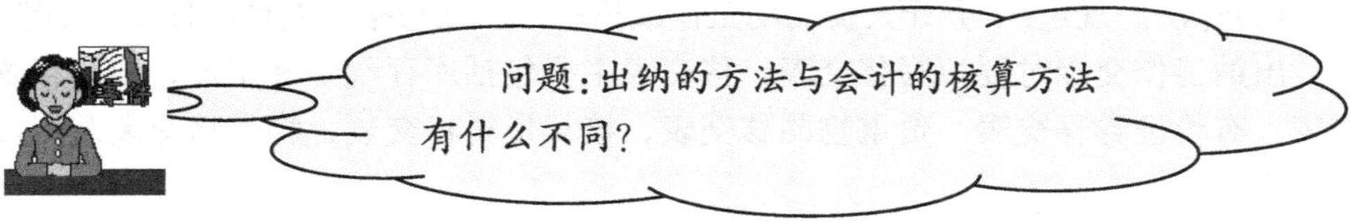

1. 设置账户

设置账户是对出纳对象的具体内容进行分类反映和监督的一项专门方法。出纳常设的账户主要有：

（1）库存现金——人民币户。

（2）库存现金——××外币户。

（3）银行存款——结算户存款。

（4）银行存款——××专用户存款。

出纳掌管的账主要是库存现金日记账和银行存款日记账。出纳员应该根据经审核无误的与库存现金和银行存款有关的会计凭证，按先后顺序逐日逐笔进行登记，并根据公式“本日余额=昨日余额+本日收入额–本日支出额”，逐日结出余额。

2. 复式记账

3. 填制和审核凭证

4. 登记账簿

5. 货币和财产清查

6. 编制出纳收支报表

7. 会计分析

二、出纳员的职责

出纳员的职责有：依据国家有关现金管理和银行结算制度的规定办理现金收、付和银行结算业务；按照会计制度的规定，在办理现金和银行存款收、付业务时，要严格审核有关原始凭证，并根据经审核无误的原始凭证，填制收、付款记账凭证，然后根据填制的收、付款记账凭证逐笔登记库存现金日记账和银行存款日记账，并结出余额；按照国家外汇管理和购汇制度的规定及有关文件办理外汇出纳业务；掌握银行存款余额，不准签发空头支票，不准出租、出借银行账户为其他单位办理结算；保证库存现金和各种有价证券的安全与完整；保管有关印章、空白收据和空白支票。

三、出纳工作的交接内容及工作原则

1. 出纳工作的交接内容

《会计法》规定："会计人员调动工作或离职，必须与接管人员办理交接手续。"

出纳工作交接时要填写移交表。移交表主要包括库存现金移交表、银行存款移交表、有价证券移交表、贵重物品移交表、核算资料移交表、物品移交表及交接说明书等。

2. 出纳工作的原则

出纳工作的原则主要有内部牵制原则和钱账分管原则。《会计法》规定："会计机构内部应当建立稽核制度。出纳员不得兼任稽核、会计档案保管和收入、支出、费用、债权债务账目的登记工作。"

四、现金业务核算

（一）现金收、付款原始凭证

1. 现金收款原始凭证

在办理现金收款业务时，必须取得或填制原始凭证。现金收款原始凭证大体可以分为以下几种：发票、增值税专用发票、非经营性收据、内部收据等。

2. 现金付款原始凭证

现金付款原始凭证可分为外来原始凭证和自制原始凭证。外来原始凭证主要是由于向外购货或接受劳务、服务而由供货方或提供劳务、服务方所填开的原始凭证，如购货发票，乘坐车、船和飞机的车船票等凭证。自制原始凭证则是由本单位在发生现金付款业务时由本单位统一制作并填开的原始凭证。常见的付款自制原始凭证有工资表、报销单、借款借据、领款收据和差旅费借款报销单等。

（二）现金收、付款业务基本程序及会计核算

1. 现金收款业务基本程序

出纳员在办理现金收款业务时，对于由别人填开的现金收款原始凭证，若未经有关人员审核的，首先应对该凭证进行审核，确定该项业务是否真实、合法，凭证反映的商品数量、单价、金额等是否有误，有无刮擦、涂改现象，有无有关领导的签字或盖章等。

出纳员审核现金收款原始凭证无误后，就可点收交来的现金；收妥现金后，在现金收款原始凭证上加盖“现金收讫”戳章。“现金收讫”戳章通常要刻有单位名称、出纳员姓名或代号，戳章的年、月、日要用变码日期。

2. 现金付款业务基本程序

部分业务需要出纳员编制现金付款原始凭证。出纳员应根据规定方法真实填制该凭证的各项内容，并由单位负责人、会计主管、经办人签名或盖章。

出纳员在填制记账凭证时，应对所收原始凭证认真审核，保证原始凭证真实、合法、准确，并以此支付现金，同时填制记账凭证。在对现金付款原始凭证的审核中，要特别注意对白条的防范。根据原始凭据支付现金后，应在有关凭证上加盖“现金付讫”戳章。戳章上要刻有单位的名称、出纳员姓名或代号，其日期应采用变码日期。

3. 现金业务会计核算

（1）库存现金的序时核算。为了正确、连续、系统地反映企业库存现金收支和结余的具体情况，需要设置库存现金日记账，对库存现金进行序时核算。库存现金日记账采用订本式，可以选择三栏式或多栏式，由出纳员根据审核无误的现金收、付款凭证或原始凭证，按照经济业务发生的时间先后，逐日逐笔顺序登记。每日终了，应计算出本日现金收入、支出的合计和结余金额，并与库存现金实有金额核对，确保账款相符。有外币现金收、付业务的企业，还应按不同币种分别设置库存现金日记账进行明细核算。月终，库存现金日记账余额应与库存现金总账余额核对相符。

（2）库存现金的总分类核算。为了总体反映企业库存现金的收支和结余情况，应设置“库存现金”账户。该账户借方登记库存现金的收入金额，贷方登记库存现金的支出金额，期末余额在借方，反映库存现金的实有金额。库存现金总分类账应视企业采用不同的会计核算形式，可以根据有关收、付款凭证直接登记；也可以根据科目汇总表、汇总记账凭证等定期登记入账。

五、银行存款业务核算

1. 银行存款的序时核算

通过设置银行存款日记账进行银行存款的序时核算。银行存款日记账可采用三栏式或多栏式。银行存款日记账由出纳员根据审核无误的记账凭证，按照经济业务发生的时间先后，逐日逐笔顺序登记。为了随时掌握银行存款的收支动态和结余金

额，月末应结出本月收入、支出的合计和结余金额，并与银行核对账目。

2. 银行存款的总分类核算

为了总体反映企业银行存款的收支和结余情况，应设置“银行存款”账户。该账户借方登记银行存款收入金额，贷方登记银行存款支出金额，期末余额在借方，反映企业银行存款的结余金额。银行存款总分类账应视企业采用不同的会计核算形式，可以根据收、付款凭证直接登记；也可以根据科目汇总表、汇总记账凭证等定期登记入账。

“银行存款”账户由会计人员按照银行存款收、付款凭证和现金付款凭证登记；采用汇总记账凭证或科目汇总表核算形式的，按照汇总记账凭证或科目汇总表定期登记。

月终，银行存款日记账借、贷方发生金额合计及余额应与银行存款总账借、贷方发生金额合计及余额一致。

模块 2

资本资金核算会计岗位实训

当初步选定了生意项目，接着要解决的问题就是筹集资金。然而因为筹集资金不利，使很多人经商的念头成为泡影。

那么，如何合理地筹集资金呢？这是本模块要讲述的。要创业，必须要有一定的资金。

本模块主要介绍资金的取得渠道，投资者投入货币资金、实物资产、无形资产等的业务核算，以及从银行借入借款并预提利息、归还本息的核算。通过本模块的学习，主要掌握如下资本资金核算会计岗位办理相关业务的实务操作流程。

- ◆ 投资者投入货币资金的核算。
- ◆ 投资者投入实物资产的核算。
- ◆ 投资者投入无形资产的核算。
- ◆ 从银行取得借款的核算。
- ◆ 预提借款利息和到期还本付息的核算。

单元 2　投资者投入资本金

【学习目标】 通过本单元的学习，我们要解决以下 2 个问题。

接受货币资金投资如何进行会计处理？

对于投资双方确认的投资者投入企业的资产价值高于在被投资单位享有注册资本份额的差额应如何处理？

投资者既可以采用以现金资产（指货币资金，下同）的方式出资，也可以采用以非现金资产（如固定资产、原材料、库存商品、无形资产）的方式出资。企业可以采用不同的方式筹集资本，既可以一次筹集，也可以分次筹集。分次筹集时，投资者最后一次投入企业的资本必须在营业执照签发之日起 6 个月以内缴足。因此，在某一特定的时间内，企业实收资本可能小于注册资本的数额。

【相关链接】《中华人民共和国企业法人登记管理条例》规定，除国家另有规定外，企业实收资本应当与注册资本相一致。企业实收资本比原注册资本数额增减超过 20%时，应持资本使用证明或验资证明，向原登记主管机关申请变更登记。如果擅自改变注册资本或抽逃资金等，要受到工商行政管理部门的处罚。

一、投资者投入现金资产

企业收到投资者投入企业的资本后，应根据有关原始凭证（如投资清单、收款凭证、收账通知等）分别针对不同的出资方式进行会计处理。

企业收到投资者以现金资产投入的资本时，应以实际收到或存入企业开户银行的金额作为实收资本入账。应根据投资清单、收款凭证、收账通知等，借记“库存现金”“银行存款”科目，贷记“实收资本”科目，股份有限公司贷记“股本”科目（股份有限公司发行股票时既可以按面值发行，也可以溢价发行；溢价部分，贷记“资本公积——股本溢价”科目）。对于不同投资者投入的现金资产，企业应分别设置明细账进行明细核算。

二、投资者投入非现金资产

企业接受非现金资产投资时，应将非现金资产按投资各方确认的价值入账。

1. 接受投入固定资产

企业接受投资者作价投入的房屋、建筑物、机器设备等固定资产时，应按投资各方确认的价值作为实收资本入账。根据固定资产投资入账单，借记“固定资产”科目；根据增值税专用发票，借记“应交税费——应交增值税（进项税额）”科目；根据其在注册资本中应拥有的份额，贷记“实收资本”科目。对于投资各方确认的资产价值超过其注册资本中所占份额的部分，应计入“资本公积”科目。

2. 接受投入材料物资

企业接受投资者作价投入的材料物资时，应按投资各方确认的价值及应当缴纳的税金等入账。根据接受投资收据、增值税专用发票、收料单等原始凭证，按确认的价值，借记“原材料”“应交税费——应交增值税（进项税额）”科目；按其在注册资本中应拥有的份额，贷记“实收资本”科目；按其差额，贷记“资本公积”科目。

3. 接受投入无形资产

企业收到以无形资产方式投入的资本时，应按投资各方确认的无形资产价值入账。根据接受投资收据、增值税专用发票等原始凭证，借记“无形资产”科目、“应交税费——应交增值税（进项税额）”科目，贷记“实收资本”科目。

单元3　银行借款的核算

【学习目标】 通过本单元的学习，我们要解决以下2个问题。

- 企业取得借款涉及什么原始凭证？
- 企业长期借款计提利息与短期借款计提利息有何区别？

一、短期借款的核算

企业从银行或其他金融机构取得短期借款时，根据借款借据（贷款凭证），借记“银行存款”科目，贷记“短期借款”科目；预提利息时，根据预提银行借款利息计算表，借记“财务费用”科目，贷记“应付利息”科目；付利息时，根据特种转账传票，借记“应付利息”科目，贷记“银行存款”科目；借款到期偿还本金时，根据特种转账传票，借记“短期借款”科目，贷记“银行存款”科目。

二、长期借款的核算

1. 取得长期借款

企业借入长期借款并将取得的款项存入银行时，根据借款借据（贷款凭证），借记“银行存款”科目，贷记“长期借款”科目；如果已经直接将借款购置了固定资产或用于在建工程项目，根据借款借据，借记“固定资产”或“在建工程”科目，贷记“长期借款”科目。

2. 长期借款利息的处理

长期借款所发生的利息支出，应当按以下原则计入有关成本、费用：长期借款用于筹建期间的，借记“管理费用”科目；长期借款用于生产经营期间的，借记“财务费用”科目。长期借款用于购建、改扩建固定资产的，在固定资产尚未达到可使用状态前，所发生的应当资本化的利息支出，记入所购建或改扩建固定资产的价值，借记“在建工程”科目；固定资产达到预定可使用状态后，发生的利息支出及按规定不能予以资本化的利息支出，应借记“财务费用”科目。长期借款按合同利率计算确定的应付未付利息，如果属于分期付息的，记入“应付利息”科目；如果属于到期一次还本付息的，记入“长期借款——应计利息”科目。根据预提银行借款利息计算表，借记“在建工程”“制造费用”“财务费用”“研发支出”等科目，贷记“长期借款——应计利息”科目。

3. 归还长期借款本息

归还长期借款的本金和利息时，根据特种转账传票，按归还的金额，借记“长期借款——本金”科目，贷记“银行存款”科目；按归还的利息，借记“长期借款——应计利息”科目，贷记“银行存款”科目。

模块3

材料会计岗位实训

材料会计在一个工业企业中占有很重要的地位。材料属于存货，在实际工作中，有关低值易耗品、包装物、委托加工物资的核算不是很多，因此材料会计也相当于存货会计。

本模块主要以材料核算为主要内容，有关其他部分存货的核算也由材料会计进行核算。

本模块主要介绍材料入账价值的确定，材料按实际成本计价的收、发、结存的核算流程，材料按计划成本计价的收、发、结存的核算流程，材料发出采用的各种计价方法的核算，月末盘点材料的处理方法。通过本模块的学习，主要掌握如下核算内容。

◆ 各种渠道取得材料入账价值的确定。
◆ 材料按实际成本计价的收、发核算。
◆ 材料按计划成本计价的收、发核算。
◆ 材料发出采用的不同计价方法的应用。

单元4 材料入账价值的确定

【学习目标】 通过本单元的学习，我们要解决以下问题。

外购材料的实际成本如何计算？

企业取得材料时，应当按实际成本入账，用不同方式取得的材料应按不同方法确定其入账价值。

1. 外购材料

对于外购材料，应以取得这项材料至入库前所发生的实际支出作为入账价值。具体包括：①买价；②运杂费用；③途中合理损耗；④入库前挑选整理费用；⑤进口关税等。

例如，某企业购入甲材料 1 000 公斤，买价 30 000 元，增值税 3 900 元，运费 500 元，增值税 45 元，保险费 100 元，运输途中发生合理损耗 200 元，到达企业发生入库前整理挑选费 300 元。甲材料的实际采购成本应为多少？经分析计算如下。

甲材料的实际采购成本=30 000+500+100+200+300=31 100（元）

如果该材料是进口的，为此发生进口关税 1 000 元，那么进口关税也应计入材料的采购成本，其采购成本为 32 100 元。

【相关链接】计入外购材料入账价值的税金，是指企业购入材料允许计入成本的税金，主要是指进口关税及作为小规模纳税人购入材料所缴纳的增值税。

2. 自制材料

对于企业自制材料，应以制造过程中实际发生的支出作为其入账价值。

3. 委托加工材料

对于企业委托加工材料，应以实际耗用的材料物资，支付的加工费、运输费、装卸费、保险费等费用，以及按规定应计入成本的税金作为入账价值。

4. 投入的材料

对于投入的材料，应从双方确认的价值扣除进项税额后的余额加上应支付的相关税费作为入账价值。

5. 接受捐赠的材料

对于接受捐赠的材料，如果捐赠方提供了有关凭据，应以凭据上标明的金额加上应支付的相关税费作为实际成本；如果捐赠方没有提供有关凭据，若同类或类似材料存在活跃市场价格的，则以同类或类似材料的市场价格估计的金额加上应支付的相关税费作为实际成本；若不存在活跃市场价格的，则以该接受捐赠的材料预计未来现金流量现值作为实际成本。

6. 盘盈的材料

对于盘盈的材料，应以同类材料的市场价格作为其入账价值。

单元5 材料按实际成本计价的核算

【学习目标】 通过本单元的学习，我们要解决以下3个问题。

外购材料验收入库，同时货款已支付或开出、承兑商业汇票如何进行会计处理？

外购材料验收入库，月份内未收到结算凭证和月末仍未收到结算凭证分别如何进行会计处理？

发出材料采用加权平均法，如果加权单价的计算结果不是整数该如何计算发出材料成本和结存材料成本？

一、购入材料的会计处理

由于支付方式不同，原材料入库的时间与付款的时间可能一致，也可能不一致，在会计处理上也有所不同。

1. 货款已支付或开出、承兑商业汇票，同时材料已验收入库

材料按实际成本核算，购入材料时货款已支付或开出、承兑商业汇票，同时材料已验收入库，根据增值税专用发票的发票联、运费单据、付款凭证、收料单等原始凭证，借记“原材料”“应交税费——应交增值税（进项税额）”科目，贷记“银行存款”或“应付票据”科目等。

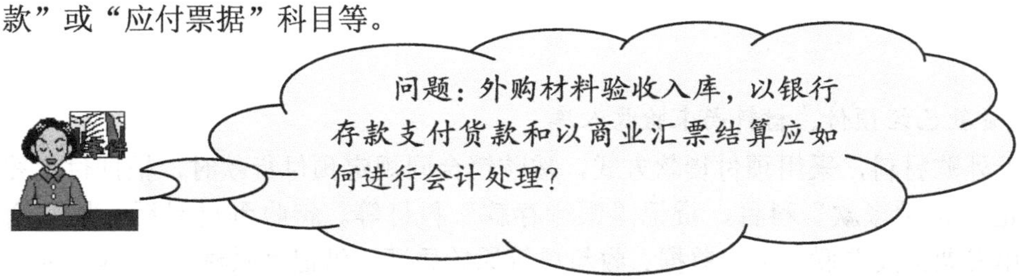

一次购入多种材料，发生共同采购费用时，需要在多种材料间按一定标准进行分配，其计算公式为

$$采购费用分配率=\frac{可供分配的采购费用}{各种材料的质量（数量、体积）之和}$$

某种材料应分担的采购费用=某种材料的质量（数量、体积）×采购费用分配率

2. 货款已支付或开出、承兑商业汇票，材料尚未验收入库

购入材料时货款已支付或开出、承兑商业汇票，但材料尚未验收入库，根据增值税专用发票的发票联、运费单据、付款凭证等原始凭证，借记“在途物资”“应交税费——应交增值税（进项税额）”科目，贷记“银行存款”或“应付票据”科目等。待材料验收入库后，再结转其实际采购成本，根据收料单等原始凭证，借记“原材料”科目，贷记“在途物资”科目。

3. 货款尚未支付，材料已验收入库

外购材料已验收入库，但未收到结算凭证，货款尚未支付，若在月份内未收到结算凭证，暂不进行会计处理；若月末仍未收到结算凭证，可根据仓库转来的收料单暂时估价入账，借记“原材料”科目，贷记“应付账款”科目。下月初对这笔估价入账的材料进行红字冲账或做相反分录予以冲回，以便下月货款支付或开出、承兑商业汇票后，按正常程序入账。

外购材料已验收入库并收到结算凭证，但货款尚未支付，根据增值税专用发票的发票联、运费单据、付款凭证、收料单等原始凭证，借记“原材料”“应交税费——应交增值税（进项税额）”科目，贷记“应付账款”科目。

注意　对于企业外购材料，如果材料先收到，而结算凭证尚未收到，若到月末仍未收到结算凭证，则为了如实核算当月库存材料的实有数，只对这部分材料的价值按暂估价或计划价入账，不必考虑税金。

【相关链接】对外购材料尚未支付货款，若供货方附加现金折扣条件，对购货方来说，支付货款时所享受的现金折扣应通过“财务费用”科目核算。

4. 货款已经预付，材料尚未验收入库

对于外购材料，采用预付货款方式，按购销合同规定预付货款时，根据付款凭证，借记“预付账款”科目，贷记“银行存款”科目等。待收到材料后，根据增值税专用发票的发票联、运费单据、收料单等原始凭证，借记“原材料”“应交税费——应交增值税（进项税额）”科目，贷记“预付账款”科目。

注意　当企业预付款项大于购买材料款时，在进行货款结算时，要将多付款项收回；当企业预付款项小于购买材料款时，在进行货款结算时，要补付材料款。

为了简化核算，对于材料收入业务，可以定期编制“收料凭证汇总表”，据以入账。

二、发出材料的会计处理

（一）发出材料的计价方法

1. 个别计价法

个别计价法，又称个别认定法、具体辨认法、分批实际法，是指按照各种材料逐一辨认各批发出材料和期末材料所属的购进批别或生产批别，分别按其购入或生产时所确定的单位成本计算各批发出材料和期末材料成本的方法。个别计价法的成本计算准确，符合实际情况，但在材料收发频繁的情况下，其发出成本分辨的工作量较大。因此，这种方法适用于珠宝、名画等贵重物品。

2. 先进先出法

先进先出法，是指以先购入的材料应先发出这样一种材料实物流动假设为前提，对发出材料进行计价的一种方法。采用这种方法，先购入的材料成本在后购入材料成本之前转出，据此确定发出材料和期末材料的成本。

3. 加权平均法

加权平均法，又称全月一次加权平均法，是指本月全部进货成本加上月初材料成本，除以本月全部进货数量加上月初材料数量，计算出材料的加权平均单位成本，以此为基础计算本月发出材料和期末材料成本的一种方法。计算公式为：

$$存货单位成本=\frac{月初库存存货的实际成本+\sum(本月各批进货的实际单位成本\times本月各批进货的数量)}{月初库存存货数量+本月各批进货数量之和}$$

本月发出存货的成本=本月发出存货的数量×存货单位成本

本月月末库存存货成本=月末库存存货的数量×存货单位成本

本月月末库存存货成本=月初库存存货的实际成本+本月收入存货的实际成本−本月发出存货的实际成本

如果加权单价是整数，可以直接用发出材料数量和结存材料数量乘以加权单价分别计算发出材料成本和结存材料成本；如果加权单价不是整数，应该利用公式“本期减少=期初结存+本期增加−期末结存”，采用倒挤的方法计算发出材料成本，以免产生尾差。

4. 移动加权平均法

移动平均法，又称移动加权平均法，是指以每次进货的成本加上原有库存材料的成本，除以每次进货数量加上原有库存材料的数量，据以计算加权平均单位成本，作为在下次进货前计算各次发出材料成本依据的一种方法。

（二）发出材料的会计处理方法

企业各生产单位及有关部门领用的材料具有种类多、业务频繁等特点。为了简化核算，可以在月末根据领料单或限额领料单中有关领料的单位、部门等进行归类，并按受益原则，将用于生产产品的计入“生产成本”科目，将车间耗用的计入“制造费用”科目，将企业管理部门领用的计入“管理费用”科目，将销售机构耗用的计入“销售费用”科目，将工程领用的计入“在建工程”科目等，根据领料单或定期编制的“发料凭证汇总表”，借记“生产成本”“制造费用”“管理费用”“销售费用”“在建工程”科目等，贷记“原材料”科目。

注意 发出材料实际成本的确定，可以由企业从上述方法中选择。计价方法一经确定，不得随意变更。若需变更，则应在会计报表附注中予以说明。

单元 6　材料按计划成本计价的核算

【学习目标】 通过本单元的学习，我们要解决以下 3 个问题。

当货款已支付或收到结算凭证、材料验收入库时，如何进行会计处理？其与实际成本核算有什么区别？

“材料成本差异”账户的借、贷方都核算什么差异？

材料成本差异率如何计算？发出材料如何计算并结转差异？

一、购入材料的会计处理

1. 货款已支付或开出、承兑商业汇票，同时材料已验收入库

材料按计划成本核算，购入材料时货款已支付或开出、承兑商业汇票，同时材料已验收入库，根据增值税专用发票的发票联、运费单据、付款凭证、收料单等原始凭证，按实际成本付款，按实际成本借记“材料采购”“应交税费——应交增值税（进项税额）”科目，贷记“银行存款”或“应付票据”科目等，按计划成本计入“原材料”科目。对于实际成本大于计划成本的超支差异，借记“原材料”和“材料成本差异”科目，贷记“材料采购”科目；对于实际成本小于计划成本的节约差异，借记“原材料”科目，贷记“材料采购”和“材料成本差异”科目。

“材料成本差异”科目是实行原材料按计划成本核算应设置的新科目。它用来反映企业已入库各种材料的实际成本与计划成本的差异，借方登记超支差异及发出材料应负担的节约差异，贷方登记节约差异及发出材料应负担的超支差异。期末若为借方余额，则反映企业库存材料的实际成本大于计划成本的超支差异；若为贷方余额，则反映企业库存材料的实际成本小于计划成本的节约差异。

小知识： 关于材料的实际成本与计划成本产生的差异，在材料收入和发出时，可以逐笔结转，也可以定期计算结转。

2. 货款已支付或开出、承兑商业汇票，材料尚未验收入库

购入材料时货款已支付或开出、承兑商业汇票，但材料尚未验收入库，根据增值税专用发票的发票联、运费单据、付款凭证等原始凭证，按实际成本付款，借记“材

料采购”“应交税费——应交增值税（进项税额）”科目，贷记“银行存款”或“应付票据”科目等。待材料验收入库后，按计划成本结转材料采购成本，计入“原材料”科目。

3. 货款尚未支付，材料已经验收入库

材料按计划成本核算，购入材料已验收入库，但月末未收到结算凭证，货款尚未支付，其会计处理方法与实际成本核算的处理方法基本一致，此处不再赘述。

二、发出材料的会计处理

材料按计划成本核算，平时发出材料时，一律按计划成本计价，会计处理与实际成本核算基本一致，期末，计算材料成本差异，结转发出材料成本差异额，并做调整分录。首先，根据发料凭证，按计划成本借记“生产成本”“制造费用”“管理费用”“销售费用”“在建工程”科目等。根据计算的差异额，若为节约差异，则借记“材料成本差异”科目，贷记“生产成本”“制造费用”“管理费用”“销售费用”“在建工程”科目等；若为超支差异，则做相反分录。其次，结转发出材料应负担的成本差异。

$$\text{材料成本差异率}=\frac{\text{期初结存材料成本差异}+\text{本期收入材料成本差异}}{\text{期初结存材料计划成本}+\text{本期收入材料计划成本}}\times 100\%$$

发出材料转出成本差异=发出材料计划成本×材料成本差异率

小知识：在实际工作中，有时企业为了方便，在领用材料时随时结转发出材料成本差异。随时结转是根据上月材料成本差异率结转的，有时为了简化，按期初结存材料成本差异除以期初结存材料计划成本计算的差异率进行结转。

单元 7　材料清查的核算

【学习目标】 通过本单元的学习，我们要解决以下 2 个问题。

清查材料发生盘盈和盘亏在处理前应分别计入“待处理财产损益”账户哪一方？

当材料发生盘亏时是否应结转其增值税进项税额？

材料清查通常采用实地盘点的方法，即通过点数、过磅计量等方法核实材料的实际库存数，并与账面数核对，查明账实不符的原因，分清责任，并据以编制“材料盘点报告单”。

为了反应企业财产清查的各种存货盘盈、盘亏和毁损情况，应设置“待处理财产损益”科目。借方登记存货的盘亏毁损金额及盘盈的转销金额，贷方登记存货的盘盈金额及盘亏的转销金额。本科目在期末处理前的借方余额反映企业尚未处理财产的净损失，本科目在期末处理前的贷方余额反映企业尚未处理财产的净溢余。期末处理后，本科目应无余额。本科目应设置“待处理流动资产损益”和“待处理固定资产损益”两个明细科目。

1. 材料盘盈的会计处理

企业盘点材料发生盘盈，根据“材料盘点报告单”，借记“原材料”科目，贷记“待处理财产损益”科目。批准后应根据不同情况，借记“待处理财产损益”科目，贷记“管理费用”科目等。

2. 材料盘亏的会计处理

企业盘点材料发生盘亏，根据“材料盘点报告单”，借记“待处理财产损益”科目，贷记“原材料”科目。对于盘亏的材料，应根据不同情况分别处理，属于过失责任和应由保险公司赔偿的部分，借记“其他应收款”科目；属于定额内损耗和计量错误的部分，借记“管理费用”科目；属于非常损失的部分，借记“营业外支出”科目，贷记“待处理财产损益”科目。

因材料在购买时支付了增值税进项税额，税法规定发生盘亏、毁损的存货，其进项税额不允许抵扣。

模块 4

往来业务会计岗位实训

企业往来业务涉及应收账款、应付账款、应收票据、应付票据、其他应收款、其他应付款等。往来业务会计岗位是会计核算业务中核算量大、要求较高的一个会计核算岗位。

本模块主要介绍企业往来业务的核算程序与方法、往来业务核算中总账和明细账的登记与核对，以及坏账的计提、确认和会计处理的方法。通过本模块的学习，主要掌握如下核算内容。

◆ 往来业务的核算程序与方法。
◆ 坏账的计提、确认、会计处理。
◆ 三栏式明细账的登记。
◆ 总分类账的登记。
◆ 往来业务核算中总账与明细账的核对。

单元 8　应收账款的核算

【学习目标】 通过本单元的学习，我们要解决以下 3 个问题。

在有商业折扣和现金折扣的情况下，怎样确定应收账款的入账价值？
什么是坏账？坏账应符合什么条件？

计提坏账准备金的方法有哪些？

一、应收账款入账价值的确定

应收账款通常应按实际发生额计价入账。其入账价值包括：销售货物或提供劳务的价款、增值税，以及代购货方垫付的包装费、运杂费等。计价时还需要考虑商业折扣和现金折扣等因素。

1. 商业折扣

商业折扣是销货企业为了鼓励客户多购商品而在商品标价上给予的扣除，对应收账款的入账价值没有什么实质性的影响，企业只需按扣除商业折扣后的净额确认应收账款，折扣的这一部分不需要在买、卖双方任何一方的账上反映。

2. 现金折扣

现金折扣是债权人为了鼓励债务人在规定的期限内付款，而向债务人提供的债务扣除。现金折扣通常发生在以赊销方式销售商品及提供劳务的交易中。企业为了鼓励客户提前偿付货款，通常与债务人达成协议，债务人在不同的期限内付款可享受不同比例的折扣。现金折扣一般用符号“折扣率/付款期限”来表示。例如，买方在 10 天内付款按售价给予 2%的折扣，用符号“2/10”表示；在 20 天内付款按售价给予 1%的折扣，用符号“1/20”表示；在 21～30 天内付款不给予折扣，用符号“N/30”表示。

在存在现金折扣的情况下，应收账款入账价值的确认有两种方法：一种是总价法；另一种是净价法。根据《企业会计准则——收入》的规定，企业应收账款的入账价值应按总价法确认，即将未扣减现金折扣前的金额（即总价）作为实际售价，记作应收账款的入账价值。销售方把给予客户的现金折扣视为融资的理财费用，会计上作为“财务费用”处理。

二、应收账款的会计处理

企业发生的应收账款按应收的总金额入账。

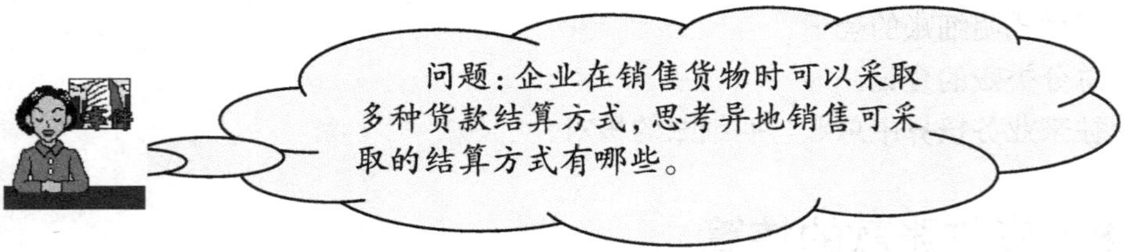

对于企业销售货物采取委托收款结算方式，已办妥托收手续，根据增值税专用发票、托收凭证、货运发票、转账支票存根等原始凭证，借记“应收账款”科目，贷记“主营业务收入”“应交税费”等科目。

三、坏账的确认

坏账是指企业无法收回或收回的可能性极小的应收账款。由于发生坏账而产生的损失称为坏账损失。

企业应当在资产负债表日对应收账款的账面价值进行检查，有客观证据表明该应收账款发生减值时，应当将该应收账款的账面价值减计至预计未来现金流量现值，减计的金额确认减值损失，计提坏账准备。

一般来讲，企业的应收账款符合下列条件之一的，应确认为坏账。

（1）因债务人破产或死亡，以其破产财产或遗产偿债后，确定不能收回的应收账款。

（2）因债务单位撤销，资不抵债或现金流量严重不足，确实不能收回的应收账款。

（3）因发生自然灾害等导致债务单位停产而在短时间内无法偿付债务，确实无法收回的应收账款。

（4）因债务人逾期未履行偿债义务超过 3 年，经核查确实无法收回的应收账款。

四、坏账损失的会计处理

我国《企业会计制度》规定，企业应该采用备抵法核算坏账损失。

企业应当设置“坏账准备”科目，核算应收账款的坏账准备计提、转销等情况。企业当期计提的坏账准备应当记入“信用减值损失”科目，“坏账准备”科目的贷方登记当期计提的坏账准备金额，借方登记实际发生的坏账损失金额和冲减的坏账准备金额。期末余额一般在贷方，反映企业已计提但尚未转销的坏账准备。

坏账准备的计算公式为：

$$\begin{matrix}\text{当期应计提}\\ \text{坏账准备}\end{matrix} = \begin{matrix}\text{当期按应收账款计算}\\ \text{应提坏账准备金额}\end{matrix}\ (-\text{或}+)\ \begin{matrix}\text{“坏账准备”科目的}\\ \text{贷方（或借方）余额}\end{matrix}$$

企业计提坏账时，应编制坏账准备计提表，按计提的金额借记“信用减值损失——计提的坏账准备”科目，贷记“坏账准备”科目。冲减多计提的坏账准备时，借记“坏账准备”科目，贷记“信用减值损失——计提的坏账准备”科目。

企业确实无法收回的应收账款按管理权限报经批准后作为坏账转销时，应当冲减已计提的坏账准备。企业发生坏账损失时，借记“坏账准备”科目，贷记“应收账款”“其他应收款”等科目。

已确认并转销的应收账款以后又收回的，应当按照实际收到的金额增加坏账准备的账面余额。已确认并转销的应收账款以后又收回时，借记“应收账款”“其他应收款”等科目，贷记“坏账准备”科目；同时，借记“银行存款”科目，贷记“应收账款”“其他应收款”等科目。也可以按照实际收回的金额，借记“银行存款”科目，贷记“坏账准备”科目。

企业采取备抵法进行坏账核算时，首先应按期估计坏账损失。估计坏账损失有 3 种方法：余额百分比法、账龄分析法和销货百分比法。《企业会计制度》规定，计提坏账准备的方法及提取比例等均由企业自行确定，而且一经确定，不得随意变更。若需要变更，则除报经批准及备案外，还应在会计报表附注中予以注明。

【相关链接】 下列情况一般不能全额计提坏账准备：① 当年发生的应收账款；② 计划对应收账款进行重组；③ 与关联方发生的应收账款；④ 其他已逾期但无确凿证据证明不能收回的应收账款。

单元 9 其他应收款的核算

【学习目标】 通过本单元的学习，我们要解决以下 2 个问题。

- 哪些款项通过“其他应收款”核算？
- 有关备用金的业务发生时，如何进行会计处理？

一、其他应收款的核算内容及会计处理

1. 其他应收款的核算内容

（1）应收的各种赔款、罚款，如因企业财产等遭意外损失而应向有关保险公司收取的赔款等。

（2）应收的出租包装物租金。

（3）应向职工收取的各种垫付款项，如为职工垫付的水电费及应由职工负担的医药费、房租费等。

（4）备用金，如向企业有关部门拨出的备用金。

（5）存出保证金，如租入包装物支付的押金。

（6）预付账款的转入。

（7）其他各种应收、暂付款项。

2. 其他应收款的会计处理

企业租入包装物，要向出租方支付包装物押金，支付时根据付款凭证和收据，借记“其他应收款——存出保证金”科目，贷记“银行存款”科目；当企业如数返还包装物并收到对方退回的押金时，根据收款金额，借记“银行存款”科目，贷记“其他应收款——存出保证金”科目。当企业为职工垫付水电费或房租费等时，借记“其他应收款”科目，贷记“银行存款”科目；当企业从职工工资中扣回时，借记“应付职工薪酬”科目，贷记“其他应收款”科目。

二、备用金的核算

备用金是指为了满足内部各部门和职工个人生产活动的需要而暂付给有关部门和职工个人使用的备用现金。

根据备用金管理制度，备用金的核算分为定额备用金制和非定额备用金制两种。

1. 定额备用金制

定额备用金制是指根据使用部门工作的实际需要，先核定其备用金定额，并借此拨付备用金，使用后再拨付现金补足其定额的制度。

企业各部门预支备用金，根据借款单，借记“其他应收款”科目，贷记“库存现金”科目。

2. 非定额备用金制

非定额备用金制是指为了满足临时性需要而暂付给有关部门和个人现金，使用后实报实销的制度。

企业职工出差预借差旅费，根据借款单，借记“其他应收款”科目，贷记“库存现金”科目；报销差旅费时，根据差旅费报销单，借记“管理费用”科目，贷记“其他应收款”科目。

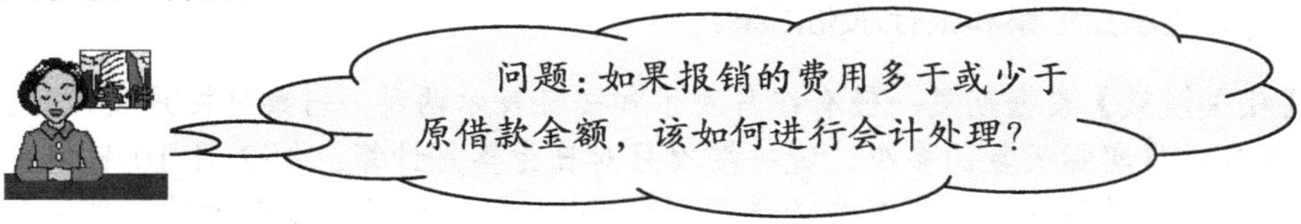

单元 10　应付账款和其他应付款的核算

【学习目标】 通过本单元的学习，我们要解决以下 2 个问题。

- 如何确定应付账款的入账时间？
- 应付账款和其他应付款的会计处理是如何进行的？

1. 应付账款的核算

应付账款的入账时间，应为所购买物资的所有权发生转移或接受劳务已发生的时间。

企业发生应付账款时，借记有关科目，贷记“应付账款”科目；偿还应付账款或开出商业汇票抵付应付账款或冲销无法支付的应付账款时，借记“应付账款”科目，贷记“银行存款”“应付票据”“营业外收入”等科目。

企业购买原材料尚未付款或开出商业汇票时，根据增值税专用发票、收料单，借记“原材料”“应交税费”科目，贷记“应付账款”或“应付票据”科目。

2. 其他应付款的核算

其他应付款是指应付、暂收其他单位或个人的款项，如应付经营租入固定资产租金、应付租入包装物租金、存入保证金等，具体包括：① 应付经营租入固定资产和包装物租金；② 职工未按期领取的工资；③ 存入保证金（如收入包装物押金等）；④ 应付、暂收所属单位、个人的款项；⑤ 其他应付、暂收款项。

企业发生的各种应付、暂收款项，借记“银行存款”“管理费用”等科目，贷记“其他应付款”科目；支付时，借记“其他应付款”科目，贷记“银行存款”科目。

单元 11　应收票据和应付票据的核算

【学习目标】 通过本单元的学习，我们要解决以下 2 个问题。

- 应收票据的核算内容有哪些？如何进行会计处理？
- 企业采用商业汇票的结算方式购买材料、商品和接受劳务供应怎样进行核算？

一、应收票据的核算

（一）应收票据的核算内容

应收票据是指企业因采用商业汇票支付方式销售材料、商品和提供劳务等而收到的商业汇票。商业汇票的付款期限最长不得超过 6 个月。根据承兑人不同，商业汇票分为商业承兑汇票和银行承兑汇票。

【相关链接】票据期限一般有按月表示和按日表示两种。当票据按月表示时，不考虑各月份实际天数的多少，统一按次月对日为整月计算，如 2 月 10 日签发期限为 3 个月的票据，到期日应为 5 月 10 日；当票据期限按日表示时，采用票据签发日与到期日“算头不算尾”或“算尾不算头”的方法，按实际天数计算到期日，如 1 月 31 日签发期限为 60 天的票据，到期日应为 4 月 1 日（当年 2 月份为 28 天）。

（二）应收票据的会计处理

1. 取得应收票据和收回到期票款

应收票据取得的原因不同，其会计处理也有所区别。因债务人抵偿前欠货款而取得的应收票据，借记“应收票据”科目，贷记“应收账款”科目；因企业销售货物提供劳务等而收到开出、承兑的商业汇票，借记“应收票据”科目，贷记“主营业务收入”“应交税费——应交增值税（销项税额）”科目。商业汇票到期收回款项时，应按实际收到的金额，借记“银行存款”科目，贷记“应收票据”科目。

2. 转让应收票据

实务中，企业可以将自己持有的商业汇票背书转让。背书是指在票据背面或粘单上记载有关事项并签章的票据行为。背书转让的，背书人应当承担票据责任。企业将持有的商业汇票背书转让以取得所需物资时，按应计入取得物资成本的金额，借记“材料采购”或“原材料”“库存商品”等科目；按增值税专用发票上注明的可抵扣的增值税额，借记“应交税费—应交增值税（进项税额）”科目；按商业汇票的票面金额，贷记“应收票据”科目，若有差额，则借记或贷记“银行存款”等科目。

对于票据贴现，企业通常应按实际收到的金额，借记“银行存款”科目；按贴现息部分，借记“财务费用”科目，贷记“应收票据”科目。

二、应付票据的核算

（一）应付票据的核算内容

应付票据是指企业因采用商业汇票支付方式购买材料、商品和接受劳务等而开出、承兑的商业汇票，包括商业承兑汇票和银行承兑汇票。

企业设置“应付票据”科目，贷方登记开出并承兑票据的面值及带息票据的预提利息；借方登记支付票据的款项。余额在贷方，表示尚未支付的票据的面值和应计未付的利息。

（二）应付票据的会计处理

1. 开出、承兑应付票据

企业因购买材料、商品和接受劳务等而开出、承兑的商业汇票，应当将其票面金额作为应付票据的入账金额，借记“材料采购”“库存商品”“应付账款”“应交税费——应交增值税（进项税额）”等科目，贷记“应付票据”科目。

企业支付的银行承兑汇票手续费应当计入当期财务费用，借记“财务费用”科目，贷记“银行存款”科目。

2. 偿还应付票据

应付票据到期支付票据款时，应按账面余额予以结转，借记“应付票据”科目，贷记“银行存款”科目。

3. 转销应付票据

应付商业承兑汇票到期，若企业无力支付票据款，则应将应付票据按账面余额转作应付账款，借记“应付票据”科目，贷记“应付账款”科目。应付银行承兑汇票到期，若企业无力支付票据款，则应将应付票据按账面余额转作短期借款，借记“应付票据”科目，贷记“短期借款”科目。

单元 12　往来业务总分类账的登记

【学习目标】 通过本单元的学习，我们要解决以下问题。

什么是总分类账？登记总分类账的依据是什么？总分类账的登记方法是什么？

1. 总分类账的格式及登账依据

总分类账简称总账，是根据总分类科目设置的，用来总括地反映各会计要素具体内容的账户。每一个会计主体都必须按国家统一的会计制度设置总分类账。总分类账采用订本式账簿，账页格式一般采用三栏式。

登记总分类账的依据取决于所采用的会计处理程序，可以直接根据各种记账凭证逐笔进行登记，也可以把各种记账凭证先汇总编制成汇总记账凭证或科目汇总表，再据以登记总分类账。

2. 总分类账的登记方法

将科目汇总表作为登记总分类账的依据，首先要定期编制科目汇总表。科目汇总表是定期根据记账凭证编制的，根据经济业务的多少，可 3 天汇总、5 天汇总、10 天汇总，但最长不能超过一个月。每编制一张科目汇总表就登记一次总分类账，其优点是减少了登记总分类账的工作量。

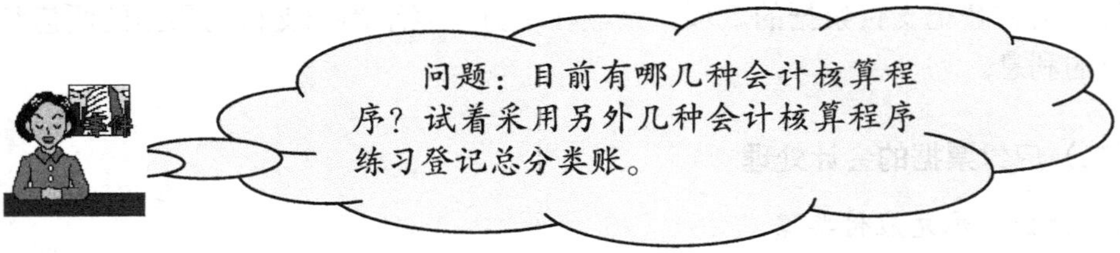

单元 13　往来业务明细分类账的登记

【学习目标】 通过本单元的学习，我们要解决以下问题。

往来业务的明细分类账如何登记？依据是什么？

明细分类账简称明细账，是根据二级账户或明细账户开设账页，分类、连续地登记经济业务以提供明细核算资料的账簿。明细分类账是总分类账的明细记录，它按照总分类账的核算内容，按照更加详细的分类，反映某一具体类别经济活动的财务收支情况。它对总分类账起补充说明的作用，它所提供的资料也是编制会计报表的重要依据。

明细分类账的格式有三栏式、多栏式、数量金额式和横线登记式（或称平行式）等，而往来业务明细分类账只适合采用三栏式和横线登记式。

1. 三栏式往来业务明细分类账的登记

三栏式往来业务明细分类账是设有借方、贷方和余额 3 个栏目，用以分类核算各项经济业务，提供详细核算资料的账簿，其格式与三栏式总分类账格式相同。

三栏式往来业务明细分类账适用于只进行金额核算的账户，如应收账款、应付账款等往来结算账户。根据所发生的每项往来业务所涉及的原始凭证，审核后逐笔登记到账簿中。

2. 横线登记式往来业务明细分类账的登记

这种明细分类账实际上也是一种多栏式明细分类账。其登记方法是将前后密切相关的经济业务在同一横线内进行详细登记，当经济业务发生时的一方进行登记后，与之相应的业务则不管什么时候再发生，均在同一行的另一方平行登记，从而可根据每一行各个栏上的登记是否齐全来判断该项业务的进展情况。这种明细分类账适用于登记材料采购业务、应收票据和一次性备用金业务。

模块 5

职工薪酬会计岗位实训

职工薪酬是职工提供服务获得的劳动报酬及其他支出。有的企业单设职工薪酬会计岗位，有的企业由劳资人事部门进行工资核算。各个企业核算工资的标准不同，通常情况下实际发放的工资与应付工资是不同的。

职工薪酬主要包括哪些内容？如何进行具体核算？实发工资又应从应付工资中扣除哪些款项才能准确计算出来？这是本模块要解决的问题。

本模块主要介绍应付职工薪酬的内容、应付职工薪酬的会计处理。通过本模块的学习，主要掌握如下有关职工薪酬的处理。

- ◆ 应付职工薪酬的内容。
- ◆ 应付职工薪酬的计量。
- ◆ 工资总额的计算。
- ◆ 应付职工薪酬的会计处理。

单元 14　应付职工薪酬的核算

【学习目标】 通过本单元的学习，我们要解决以下 3 个问题。

应付职工薪酬的内容包括哪些？如何计量？

工资总额如何计算？

对应付职工薪酬如何进行会计处理？

一、应付职工薪酬的内容及计量

职工薪酬是指企业为获得职工提供的服务而给予各种形式的报酬及其他相关支出。职工薪酬主要包括以下内容。

（1）职工工资、奖金、津贴和补贴。

（2）职工福利费。

（3）医疗保险费、养老保险费、失业保险费、工伤保险费和生育保险费等社会保险费。

（4）住房公积金。

（5）工会经费和职工教育经费。

（6）非货币性福利。

（7）因解除与职工的劳动关系而给予的补偿。

（8）其他与获得职工提供的服务相关的支出。

企业在计量应付职工薪酬时，应当注意国家是否有相关的明确计提标准加以区别处理。一般而言，对于企业应向社会保险经办机构缴纳的五险等社会保险费、应向住房公积金管理中心缴存的住房公积金、应向工会部门缴纳的工会经费，以及应向职工教育培训部门支付的职工教育经费等，国家统一规定了计提基础和计提比例，企业应当按照国家规定的标准计提。其中，工会经费按现行制度规定，企业应按工资总额的 2%计提并拨交工会机关，用于工会费用支出。企业发生的职工教育经费支出，不超过工资薪金总额 8%的部分，准予扣除；超过部分，准予在以后纳税年度结转扣除，用于企业为职工学习先进技术和提高文化水平的费用支出。职工福利费等职工薪酬，国家没有明确规定计提基础和计提比例。企业应当根据历史经验数据和实际情况，合理预计当期应付职工薪酬。

问题：通常所说的“五险一金”与“三险一金”分别指哪些？

二、工资总额的计算

工资总额是指企业在一定时期内以货币形式支付给全体职工的劳动报酬总额。现行工资总额，是由基本工资、经常性奖金、工资性津贴、其他工资所组成的。工资核算的原始凭证主要包括考勤记录、工时记录、产量记录、工资单、工资汇总表等。

应付工资的计算是工资核算工作的核心，是计算实发工资的基础。企业计算出应付工资以后，再减去各种代扣款项，即为实发工资。计算公式为：

应付工资=计时工资+计件工资+经常性奖金+工资性津贴

实发工资=应付工资−代扣款项合计

（一）计时工资的计算

计时工资计算的主要依据是基本工资和工作时间。基本工资按其计算的时间不同，分为年薪制、月薪制、日薪制。计时工资一般分为月工资标准、日工资标准和小时工资标准。目前，我国大多数企业的工资都采用月薪制。月应付计时工资计算涉及的一个关键指标是日工资率。下面参照《关于职工全年月平均工作时间和工资折算问题的通知》简单归纳日工资率的计算。

日工资率是指每个职工每天应得的工资额。日工资率的确定方法有两种：一种是每月按固定 30 天计算，不论月大、月小、月平；另一种是每月按平均法定工作天数 20.83 天计算。20.83 天为年日历天数 365 天减去 104 个双休日和 11 个法定节假日，再除以 12 个月算出的平均数，即[365−(104+11)]÷12=20.83（天）。

小知识：11 个法定节假日为元旦 1 天、春节 3 天、清明 1 天、“五一”1 天、端午 1 天、中秋 1 天、国庆 3 天。

1. 每月按固定 30 天计算的日工资率

每月按固定 30 天计算的日工资率公式为：

日工资率=月基本工资÷30

在采用此方法计算日工资率时，由于节假日也算工资，因此出勤期间的节假日也按出勤日计算工资，病、事假缺勤期间的节假日也按缺勤日扣工资，事假缺勤期间的工资全扣，病假缺勤期间的工资按其工龄长短的扣发比例计算。

2. 每月按平均法定工作天数 20.83 天计算的日工资率

每月按平均法定工作天数 20.83 天计算的日工资率公式为：

日工资率=月基本工资÷20.83

在采用此方法计算日工资率时，缺勤期间的节假日不算缺勤，不扣工资；出勤期间的节假日不算出勤，不发工资。

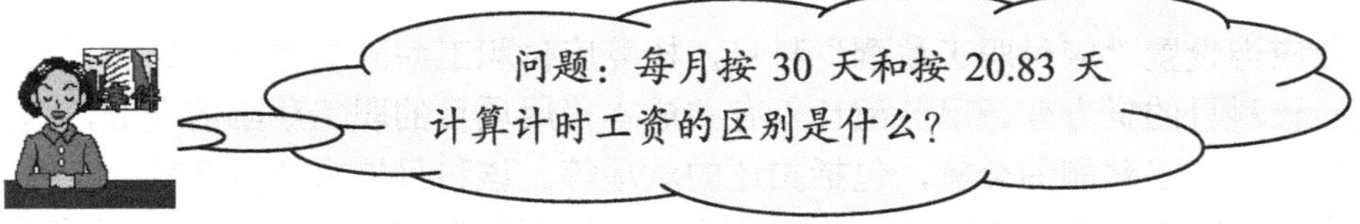

（二）计件工资的计算

计件工资计算的主要依据是合格品数量、料废品数量、计件单价。料废品数量应和合格品数量加在一起，按同一计件单价计算计件工资；工废品数量不用于计算计件工资，有的还应由工人赔偿相应的损失。其计算公式为：

应付计件工资=（合格品数量+料废品数量）×计件单价

计件工资有个人计件和班组集体计件两种形式。

（三）经常性奖金的计算

经常性奖金应根据企业制定的奖金支付标准和得奖条件计算。

（四）工资性津贴的计算

工资性津贴项目较多，适用的政策依据不一，企业在计算该内容时应遵循国家对各种津贴种类、标准、范围等政策的规定。

（五）代扣款项的计算

代扣款项是指从应付工资中代扣的应由职工个人支付的各种款项，如代扣的个人所得税、房租、水电费等。

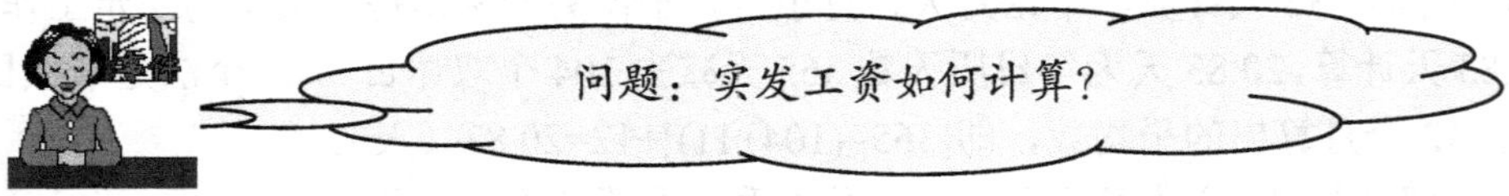

（六）工资结算

企业办理工资结算时，必须先编制工资结算凭证。工资结算凭证主要有工资结算表（也称工资结算单、工资单、工资表）、工资卡片、工资结算汇总表等。

按照劳动工资制度的规定，企业应根据考勤记录、工时记录、产量记录、工资标准、工资等级等，编制工资单计算各种工资。财会部门应将工资单进行汇总，编制工资结算汇总表。月度终了，企业应将本月工资进行分配，企业在月内发生的全部工资，不论是否在当月发放，都应按工资的用途分配计入本月生产费用。进行工资费用分配时，首先由各车间或部门根据工资结算单等凭证编制工资费用分配表，表内按照生产工人工资和管理人员工资分别填列，然后再由财会部门根据各车间的工资费用分配表汇总编制工资费用分配汇总表，据以进行工资分配的总分类核算。

三、应付职工薪酬的会计处理

企业应当设置“应付职工薪酬”科目，核算应付职工薪酬的提取、结算、使用等情况。该科目的贷方登记已分配计入有关成本费用项目的职工薪酬的金额，借方登记实际发放职工薪酬的金额，包括扣还的款项等。该科目期末贷方余额，反映企业应付未付的职工薪酬。该科目应当按工资、社会保险费、住房公积金、工会经费、职工教育经费、职工福利费、非货币性福利等应付职工薪酬项目设置明细科目，进行明细核算。

（一）确认应付职工薪酬

1. 货币性职工薪酬

企业应当在职工为其提供服务的会计期间，根据职工提供服务的受益对象，将应确认的职工薪酬（包括货币性薪酬和非货币性福利）计入相关资产成本或当期损益，同时确认应付职工薪酬。借方分别对以下情况进行处理。

（1）将生产工人的职工薪酬计入“生产成本”科目，将生产车间管理人员的职工薪酬计入“制造费用”科目，将生产部门提供劳务人员的职工薪酬计入“劳务成本”科目。

（2）将管理部门人员的职工薪酬计入“管理费用”科目。

（3）将销售人员的职工薪酬计入“销售费用”科目。

（4）将应由在建工程负担的职工薪酬计入“在建工程”科目，将应由研发支出负担的职工薪酬计入“研发支出”科目。

以上情况均贷记“应付职工薪酬”科目。

2. 非货币性职工薪酬

（1）企业以其自产产品作为非货币性福利发放给职工时，应当根据受益对象，按照该产品的公允价值，计入相关资产成本或当期损益，同时确认应付职工薪酬。

（2）企业将拥有的房屋等资产无偿提供给职工使用时，应当根据受益对象，将该住房每期应计提的折旧计入相关资产成本或当期损益，同时确认应付职工薪酬。

（3）企业将租赁住房等资产供职工无偿使用时，应当根据受益对象，将每期应付的租金计入相关资产成本或当期损益，并确认应付职工薪酬。

以上情况均借记“生产成本”“制造费用”“管理费用”等科目，贷记“应付职工薪酬——非货币性福利”科目。其中，对于企业将拥有的房屋等资产无偿提供给职工使用的情况，同时还要借记“应付职工薪酬——非货币性福利”科目，贷记“累计折旧”科目。

（二）发放职工薪酬

1. 支付职工工资、奖金、津贴及补贴

企业按规定向职工支付工资、奖金等。在实务中，企业一般在每月发放工资前，根据工资结算汇总表中的“实发金额”栏的合计数向开户银行提取现金，按规定填制现金支票，根据支票存根借记“库存现金”科目，贷记“银行存款”科目。根据工资结算汇总表支付工资时，借记“应付职工薪酬”科目，贷记“库存现金”或“银行存款”科目；对于企业从应付职工薪酬中扣还的各种款项（如代扣个人所得税、代垫的家属药费等），借记“应付职工薪酬”科目，贷记“应交税费——应交个人所得税”“库存现金”“其他应收款”“银行存款”等科目。对于职工在规定期限内未领取的工资，当由发放工资的单位及时交回财会部门，并借记“库存现金” 科目，贷记“其他应付款”科目。

问题：目前，多数企业将工资存入职工个人的工资存折里，不再给职工发放现金，此时该如何进行会计处理？

2. 支付职工福利费

企业向职工食堂、职工医院、职工浴室、托儿所、生活困难职工等支付职工福利费时，借记“应付职工薪酬——职工福利”科目，贷记“银行存款”“库存现金”等科目。

3. 支付工会经费、职工教育经费和缴纳社会保险费、住房公积金

企业支付工会经费和职工教育经费用于工会运作和职工培训或按照国家有关规定缴纳单位承担的社会保险费和单位承担的住房公积金时，借记“应付职工薪酬——工会经费（或职工教育经费、社会保险费、住房公积金）”科目，贷记“银行存款”“库存现金”等科目。企业缴纳的个人承担的社会保险费和个人承担的住房公积金时，通常先从工资中扣除，借记“应付职工薪酬——工资”科目，贷记“其他应付款”科目，当上交时，直接借记“其他应付款”科目，贷记“银行存款”“库存现金”科目。

问题：如果个人承担的社会保险费和个人承担的住房公积金由企业先通过工资发放，个人再单独上交，又如何进行账务处理？

4. 发放非货币性福利

企业以自产产品作为非货币性福利发放给职工时，应确认主营业务收入，借记“应付职工薪酬——非货币性福利”科目，贷记“主营业务收入”科目，同时结转相关成本，涉及增值税销项税额的，还应进行相应的处理。企业支付因将租赁住房等资产供职工无偿使用所发生的租金时，借记“应付职工薪酬——非货币性福利”科目，贷记“银行存款”等科目。

模块6

固定资产会计岗位实训

固定资产在企业资产中占有很大的比重，作为一种劳动资料，其核算也是非常重要的。在大、中型企业中，一般单独设固定资产会计岗位进行固定资产核算，以维护资产的安全与完整。

本模块主要介绍固定资产的取得渠道、固定资产增加的各种方式下固定资产入账价值的确定、固定资产减少的核算；同时还重点介绍固定资产计提折旧的范围及各种折旧方法。通过本模块的学习，主要掌握如下核算内容。

- 固定资产增加的核算。
- 固定资产减少的核算。
- 固定资产折旧的核算。

单元15　固定资产增加的核算

【学习目标】 通过本单元的学习，我们要解决以下3个问题。

- 外购需要安装的固定资产和不需要安装的固定资产入账价值的确定有何区别？
- 自建固定资产方式下自营工程与出包工程的会计处理有什么区别？
- 固定资产盘盈处理前后如何进行会计核算？

根据《企业会计制度》的规定，企业使用期限超过一年的房屋、建筑物、机器、机械、运输工具及其他与生产经营有关的设备、器具、工具等，均应作为固定资产；不属于生产经营主要设备的物品，单位价值在 2 000 元以上，并且使用期限超过两年的，也应作为固定资产。不符合上述条件的劳动资料，企业应作为低值易耗品核算和管理。

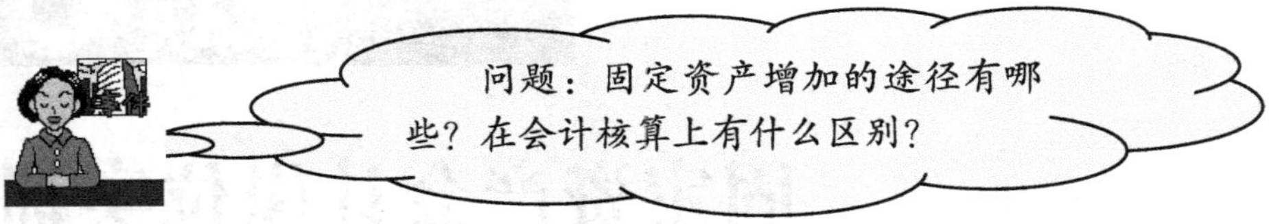

一、外购固定资产的核算

对于企业外购的固定资产，应将实际支付的购买价款、相关税费及使固定资产达到预定可使用状态前所发生的可归属于该资产的运输费、装卸费、安装费和专业人员服务费等，作为固定资产的取得成本。

1. 企业购入不需要安装的固定资产的核算

对于企业购入的不需要安装的固定资产，应将实际支付的购买价款、相关税费及使固定资产达到预定可使用状态前所发生的可归属于该资产的运输费、装卸费、安装费和专业人员服务费等，作为固定资产的取得成本。借记“固定资产”科目，贷记“银行存款”等科目。

若企业为增值税一般纳税人，则企业购进机器设备等固定资产的进项税额不纳入固定资产成本核算，可以在销项税额中抵扣。借记“固定资产”“应交税费——应交增值税（进项税额）”科目，贷记“银行存款”科目。

【相关链接】购买和销售固定资产增值税如何处理？

税法规定，2009 年 1 月 1 日以后购入的生产经营用固定资产动产（与生产经营有关的设备，并非所有固定资产），其进项税额可以抵扣。若该固定资产需要安装，则在建工程领用原材料的进项税额不用作进项税额转出处理。

2009 年 1 月 1 日以后购入的非生产经营用固定资产动产，其进项税额仍然不允许抵扣。若该固定资产需要安装，则在建工程领用原材料的进项税额仍然要作进项税额转出处理，领用自产产品会计上不确认收入，直接将库存商品成本结转计入资产成本中，在税法上视同销售，将按计税价格乘以税率计算的增值税销项税额计入在建工程成本。

2009 年 1 月 1 日以后购入的允许抵扣增值税进项税额的固定资产出售时，应计算销项税额，借记“固定资产清理”“累计折旧”等科目，贷记“固定资产”科目；收到出售款，借记“银行存款”“固定资产清理”“应交税费——应交增值税”科目；出售净损益从“固定资产清理”科目转入“资产处置损益（非流动资产处置利得）”或“资产处置损益（非流动资产处置损失）”科目。

2. 企业购入需要安装的固定资产的核算

对于企业购入的需要安装的固定资产，应在固定资产取得成本的基础上加上安装调试成本等，作为购入固定资产的成本先记入“在建工程”科目。购入时，借记“在建工程”科目，贷记“银行存款”等科目；支付安装费用时，借记“在建工程”科目，贷记“银行存款”等科目；安装完成交付使用时，从“在建工程”科目转入“固定资产”科目，借记“固定资产”科目，贷记“在建工程”科目。购入固定资产发生的运杂费应计入固定资产的成本。

注意

特殊处理：企业基于产品价格等因素的考虑，可能以一笔款项购入多项没有单独标价的固定资产。如果这些资产均符合固定资产的定义，并满足固定资产的确认条件，则应将各项资产单独确认为固定资产，并按各项固定资产公允价值（关键点）的比例对总成本进行分配，分别确定各项固定资产的成本。

二、自建固定资产的核算

对于企业自建的固定资产，应将建造该项资产达到预定可使用状态前所发生的全部支出，作为固定资产的成本。

自建固定资产应先通过“在建工程”科目核算，工程达到预定可使用状态时，再从“在建工程”科目转入“固定资产”科目。企业自建的固定资产，主要有自营和出包两种方式，由于采用的建设方式不同，其会计处理也不同。

1. 自营工程

自营工程是指企业自行组织工程物资采购、自行组织施工人员施工的建筑工程和安装工程。购入工程物资时，借记“工程物资”科目，贷记“银行存款”等科目；领用工程物资时，借记“在建工程”科目，贷记“工程物资”科目；在建工程领用本企业原材料时，借记“在建工程”科目，贷记“原材料”等科目；在建工程领用本企业生产的商品时，借记“在建工程”科目，贷记“库存商品”“应交税费——应交增值税（销项税额）”科目；对于自营工程发生的其他费用（如分配工程人员工资等），借记“在建工程”科目，贷记“银行存款”“应付职工薪酬”等科目。自营工程达到预定可使用状态时，按其成本，借记“固定资产”科目，贷记“在建工程”科目。

注意

对于企业购入的工程所用物资，也可以先验收入库，再分次领用用于工程建设。

2. 出包工程

出包工程是指企业通过招标等方式将工程项目发包给建造商，由建造商组织施工的建筑工程和安装工程。对于进行的固定资产工程，其工程的具体支出主要由建造商核算。在这种方式下，“在建工程”科目主要是企业与建造商办理工程价款的结算科目，企业支付给建造商的工程价款作为工程成本，通过“在建工程”科目核算。具体会计处理为：企业按合同约定向建造商支付预付款或进度款时，借记“在建工程”科目，贷记“银行存款”科目；工程完工补付工程价款时，借记“在建工程”科目，贷记“银行存款”科目；工程达到预定可使用状态时，按实际发生的全部支出，借记“固定资产”科目，贷记“在建工程”科目。

三、投资者投入固定资产的核算

对于投资者投入的固定资产，应将投资各方确认的价值作为固定资产的入账价值。具体会计处理为：按投资各方确认的价值，借记“固定资产”科目，贷记“实收资本”科目。

四、固定资产盘盈的核算

企业将财产清查中盘盈的固定资产作为前期差错处理。对于企业在财产清查中盘盈的固定资产，在按管理权限报经批准处理前应先通过“以前年度损益调整”科目核算。对于盘盈的固定资产，应按重置成本确定其入账价值，借记“固定资产”科目，贷记“以前年度损益调整”科目。

单元 16　固定资产减少的核算

【学习目标】 通过本单元的学习，我们要解决以下 4 个问题。

- 出售固定资产时，首先按什么价值转入“固定资产清理”账户？
- 固定资产出售（不动产）要交什么税？通过什么账户核算？
- 固定资产报废和毁损时发生的残料入库和出售的会计处理有什么不同？
- 固定资产清理的净损失和净收益分别转入什么账户？

企业在生产经营过程中，可能将不适用或不需要用的固定资产对外出售转让，或者因磨损、技术进步等原因对固定资产进行报废，或者因遭受自然灾害而对毁损的固定资产进行处理，使固定资产减少。

一、固定资产出售、报废、毁损等核算流程

固定资产出售、报废、毁损等应通过“固定资产清理”科目核算，用该科目核

算企业因出售、报废和毁损等原因转入清理的固定资产价值及其在清理过程中所发生的清理费用和清理收入等。借方登记转入清理的固定资产净值和发生的费用等，贷方登记清理固定资产的变价收入等，期末余额反映企业尚未清理完毕固定资产的价值及清理收入（清理收入减去清理费用）。该科目应按被清理的固定资产设置明细账进行明细核算，具体包括以下几个环节。

1. 固定资产转入清理

对于企业因出售、报废、毁损、对外投资、非货币资产交换、债务重组等转出的固定资产，按该项固定资产的账面价值，借记“固定资产清理”科目；按已计提的累计折旧，借记“累计折旧”科目；按已计提的减值准备，借记“固定资产减值准备”科目；按其固定资产账面原价，贷记“固定资产”科目。

2. 发生的清理费用

对于固定资产清理过程中发生的清理费用（如支付清理人员的工资等），借记“固定资产清理”科目，贷记“银行存款”“应付职工薪酬”科目。

3. 出售固定资产的处理

企业收到出售固定资产的价款，借记“银行存款”科目，贷记“固定资产清理”科目，贷记“应交税费——应交增值税”科目。

4. 收回或出售残料等的处理

企业收回报废固定资产的残料价值和变价收入等，应冲减清理支出，按实际收到的出售价款及回收残料等，借记“银行存款”“原材料”等科目，贷记“固定资产清理”科目。

5. 保险赔偿的处理

企业计算或收到应由保险公司或过失人赔偿的报废、毁损固定资产的损失，应冲减清理支出，借记“银行存款”或“其他应收款”科目，贷记“固定资产清理”科目。

6. 清理净损益的处理

固定资产清理完成后，产生清理利得的，借记“固定资产清理”科目，贷记“营业外收入——处置非流动资产收益（非流动资产毁损报废利得）”“资产处置损益——处置非流动资产收益（非流动资产处置利得）”科目；产生清理损失的，借记“营业外支出——处置非流动资产损失（非流动资产毁损报废损失）”“资产处置损益——处置非流动资产损失（非流动资产处置损失）”科目，贷记“固定资产清理”科目。

二、固定资产盘亏的核算

对于企业在财产清查中盘亏的固定资产，按盘亏固定资产的账面价值，借记“待处理财产损益”科目，按已计提的累计折旧，借记“累计折旧”科目；按固定资产的原价，贷记“固定资产”科目。在按管理权限报经批准后处理时，按可收回的保险赔偿或过失人赔偿，借记“其他应收款”科目；按应计入营业外支出的金额，借记“营业外支出——盘亏损失”科目，贷记“待处理财产损益”科目。

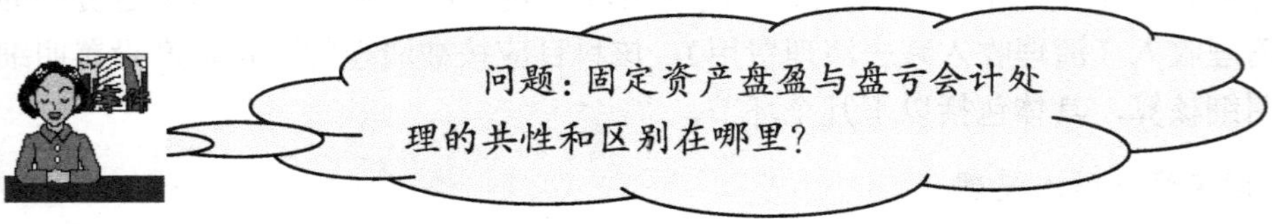

单元 17　固定资产折旧的核算

【学习目标】 通过本单元的学习，我们要解决以下 4 个问题。

- 固定资产计提折旧的范围是什么？哪些固定资产不计提折旧？
- 采用直线法计算年折旧额有哪两种算法？
- 哪种折旧方法在开始计提折旧时不考虑预计净残值？
- 采用年数总和法与双倍余额递减法计提折旧时有什么区别？

一、固定资产折旧概述

企业应当在固定资产的使用寿命内，按照确定的方法对应计提折旧额进行系统分摊。根据固定资产的性质和使用情况，合理确定固定资产的使用寿命和预计净残值。固定资产的使用寿命、预计净残值一经确定，不得随意变更，但是符合《企业会计准则第 4 号——固定资产》第十九条规定的除外。上述事项在报经股东大会或董事会、经理（厂长）会议或类似机构批准后，作为计提折旧的依据，并按照法律、行政法规等的规定报送有关各方备案。

【相关链接】 **计提折旧的范围：**① 房屋、建筑物；② 在用的机器设备、运输车辆、器具、工具；③ 季节性停用和修理停用的机器设备；④ 以经营租赁方式租出的固定资产；⑤ 以融资租赁方式租入的固定资产；⑥ 未使用、不需要用的固定资产；⑦ 财政部规定的其他应当提取折旧的固定资产。

不计提折旧的范围：① 已提足折旧仍继续使用的固定资产；② 按规定单独估价作为固定资产入账的土地；③ 财政部规定的其他不得计提折旧的固定资产。

固定资产应当按月计提折旧，当月增加的固定资产，当月不计提折旧，从下月起计提折旧；当月减少的固定资产，当月仍计提折旧，从下月起不计提折旧。

固定资产提足折旧后，不论是否继续使用，均不再计提折旧；提前报废的固定资产，也不再计提折旧。所谓提足折旧，是指已经提足该项固定资产应提的折旧总额。

对于已达到预定可使用状态但尚未办理竣工决算的固定资产，应当按照估计价值确定其成本，并计提折旧；待办理竣工决算后，再按实际成本调整原来的暂估价值，但不需要调整原已计提的折旧额。

企业至少应当于每年年度终了，对固定资产的使用寿命、预计净残值和折旧方法进行复核。使用寿命预计数与原先估计数有差异的，应当调整固定资产的使用寿命。预计净残值预计数与原先估计数有差异的，应当调整预计净残值。与固定资产有关的经济利益预期实现方式有重大改变的，应当改变固定资产折旧方法。固定资产的使用寿命、预计净残值和折旧方法的改变应当作为会计估计变更。

二、固定资产的折旧方法

企业应当根据与固定资产有关的经济利益的预期实现方式，合理选择固定资产的折旧方法。可选用的折旧方法包括平均年限法、工作量法、双倍余额递减法、年数总和法。

1. 平均年限法

平均年限法又称直线法，是将固定资产的折旧额均衡地分摊到各期的一种方法。采用这种方法计算的每期折旧额是相等的，其计算公式为：

年折旧率=（1–预计净残值率）÷预计使用年限

月折旧率=年折旧率÷12

月折旧额=固定资产原值×月折旧率

或者

年折旧额=（固定资产原值–预计净残值）÷预计使用年限

这种折旧方法的特点是将固定资产的应计折旧额均衡地分摊到固定资产预计使用寿命内。

【相关链接】 **折旧年限的规定：**企业固定资产的折旧年限，按财政部制定的分行业财务制度的规定执行。对于少数城镇集体和乡镇企业，由于特殊原因需要缩短折旧年限的，可由企业提出申请，报省、自治区、直辖市地方税务局并经财政厅（局）同意后确定。除另有规定外，固定资产计提折旧的最低年限如下。

(1)房屋、建筑物为 20 年。

(2)飞机、火车、轮船、机器、机械和其他生产设备的最低折旧年限为 10 年。

(3)器具、工具、家具等与生产经营活动有关的最低折旧年限为 5 年。

(4)除飞机、火车、轮船以外的运输工具的最低折旧年限为 4 年；

(5)电子设备的最低折旧年限为 3 年。

另外，企业从事的行业不同其设备的折旧年限也不同，折旧年限一般小于设备的耐用年限即使用年限，参考折旧年限一般是在此基础上减少 1～5 年。

2. 工作量法

工作量法是根据实际工作量计算折旧额的一种方法。其计算公式为

每单位工作量折旧额=固定资产原值×(1–净残值率)÷预计总工作量

某项固定资产月折旧额=该项固定资产当月工作量×每单位工作量折旧额

该方法的特点是根据实际工作量计算每期应计提折旧额。

3. 双倍余额递减法

双倍余额递减法是在不考虑固定资产净残值的情况下，根据每期期初固定资产账面净值（固定资产账面余额减累计折旧）和双倍的直线法折旧率计算固定资产折旧的一种方法。其计算公式为：

年折旧率=2÷预计使用年限×100%

月折旧率=年折旧率÷12

月折旧额=固定资产账面净值×月折旧率

实行双倍余额递减法计提折旧的固定资产，一般应在固定资产折旧年限到期前两年内，将固定资产账面净值扣除预计净残值后的净额平均摊销。

注意　双倍余额递减法在开始计算折旧额时不考虑固定资产的净残值，只有在最后两年计算折旧额时才考虑需要扣除的净残值，其余 3 种方法在计算时都需要考虑净残值。

4. 年数总和法

年数总和法又称合计年限法，是将固定资产原值减去预计净残值后的净额乘以一个逐年递减的分数计算每年的折旧额。这个分数的分子代表固定资产尚可使用的年限，分母代表使用年限的逐年数字总和。其计算公式为：

$$逐年递减的年折旧率=\frac{预计使用年限-已使用年限}{预计使用年限\times(预计使用年限+1)\div 2}\times 100\%$$

或者

年折旧率=尚可使用年限÷预计使用年限的年数总和×100%

月折旧率=年折旧率÷12

月折旧额=(固定资产原值–预计净残值)×月折旧率

📖**小知识**：计提折旧时，需要区分会计期间和折旧期间，这二者所指的期间不一定相同。折旧期间指的是开始计提折旧时依次顺延的年限。例如，从 2018 年 3 月开始计提折旧，对于折旧而言的第一年是 2018 年 3 月到 2019 年 3 月。会计期间在我国通常是指每年的 1 月 1 日至 12 月 31 日。

固定资产应当按月计提折旧，计提的折旧应当计入“累计折旧”科目，并根据用途计入相关资产的成本或当期损益。企业自行建造固定资产过程中所使用的固定

资产，其计提的折旧应计入在建工程成本；基本生产车间所使用的固定资产，其计提的折旧应计入制造费用；管理部门所使用的固定资产，其计提的折旧应计入管理费用；销售部门所使用的固定资产，其计提的折旧应计入销售费用；经营租出的固定资产，其计提的折旧应计入其他业务成本。企业计提固定资产折旧时，借记“制造费用”“销售费用”“管理费用”等科目，贷记“累计折旧”科目。

课后延伸

☞ 结合税法相关知识，分析固定资产计提折旧是否在计算应纳税所得额时全额扣除？

☞ 了解固定资产减值的处理。

模块 7

成本费用会计岗位实训

对任何一个企业来说，都希望成本费用少，收益大。所有的企业都期望以最低的成本获取最大的收益，遵循价值最大化原则。

那么，产品成本就是生产费用吗？如果不是，那么二者有什么不同？对于工业企业来说，成本费用的核算是企业一项非常重要的工作。成本费用会计的工作就是进行成本核算。

本模块主要介绍成本费用的归集和分配、产品成本的计算、生产成本明细账的登记、产品成本计算单的编制等。通过本模块的学习，主要掌握如下业务核算。

- 材料、燃料、动力费用和职工薪酬的归集和分配。
- 制造费用的归集和分配。
- 辅助生产费用采用直接分配法与交互分配法进行的分配。
- 准确进行各项费用的会计处理。
- 编制产品成本计算单并登记。

单元 18　成本费用的归集和分配

【学习目标】 通过本单元的学习，我们要解决以下 2 个问题。

材料费用在什么情况下需要进行分配？如何分配？

采用交互分配法分配辅助生产费用与采用直接分配法相比较，其优势有哪些？其又有什么缺点？

一、成本费用归集和分配概述

工业企业在一定时期内消耗的物化劳动与活劳动的货币表现称为生产费用；为生产一定种类、一定数量的产品所支出的各项生产费用总和称为产品成本。

产品成本和生产费用是两个不同的概念，它们既有联系，又有区别。生产费用的发生额是计算产品成本的基础，而产品成本便是一定种类和数量完工产品的生产费用，二者反映的经济内容都是生产过程的耗费。产品成本包括为创造产品而发生的直接材料、直接人工和制造费用。

对于工业企业在生产经营过程中所发生的各项费用，若是生产某种产品的直接费用，则应直接记入这种产品成本明细账的“直接材料”或“直接人工”等项目；若是生产几种产品共同耗用的费用，则应采用适当的分配方法，分别计入这几种产品成本明细账的“直接材料”、“直接人工”和“制造费用”等成本项目。

工业企业生产费用分配的基本方法是比例法。该方法以实际发生的待分配费用总额为分子，以一定的分配标准总量（总额）为分母，求出费用分配率，然后用这个分配率分别乘以每种产品参加分配的标准数，从而得出各种产品应分配的费用。

$$\text{费用分配率}=\frac{\text{待分配费用总额}}{\text{分配标准总量（总额）}}$$

某种产品应分配的费用=该产品参加分配的标准数×费用分配率

常用来作为分配标准的有：定额消耗量、定额费用、生产工时、机器工时、生产工人工资及产品的产量、体积、重量、产值等。

二、各项成本费用的归集和分配方法

（一）材料、燃料、动力费用的归集和分配

无论是外购的，还是自制的，发生材料、燃料和动力等各项要素费用时，对于直接用于产品生产、构成产品实体的原材料，一般分产品领用，应根据领退料凭证直接计入相应产品成本的“直接材料”项目；如果是几种产品共同耗用的，那么应采用适当的分配方法，分配计入这几种产品成本的“直接材料”项目。

分配标准可依据材料消耗与产品的关系选择。对于材料、燃料耗用量与产品质量、体积有关的，按其质量或体积分配。例如，以生铁为原材料生产各种铁铸件，应以生产的铁铸件的质量比例为分配依据。燃料也可以所耗用的原材料为分配标准。动力一般按用电（或水）度（或吨）数进行分配，也可按产品的生产工时或机器工时进行分配。相应的计算公式为：

$$\text{材料、燃料、动力费用分配率}=\frac{\text{材料、燃料、动力消耗总额}}{\text{分配标准（如产品质量、耗用的原材料、生产工时等）总量（总额）}}$$

某种产品应分配的材料、燃料、动力费用=该产品的质量、耗用的原材料、生产工时等×材料、燃料、动力费用分配率

在消耗定额比较稳定、准确的情况下，原材料、燃料也可按照产品的材料定额消耗量比例或材料定额费用比例进行分配。计算公式为：

某种产品材料定额消耗量=该种产品实际产量×单位产品材料消耗定额

$$\text{材料消耗量分配率}=\frac{\text{材料实际总消耗量}}{\text{各种产品材料定额消耗量之和}}$$

某种产品应分配的材料费用=该种产品的材料定额消耗量×材料消耗量分配率×材料单价

直接用于产品生产的材料、燃料、外购动力费，应记入“生产成本——基本生产成本”科目；辅助用于生产的材料、燃料、动力费，应记入“生产成本——辅助生产成本”科目；间接用于生产，如用于生产车间及管理部门的动力费用，应记入“制造费用”“管理费用”科目。

（二）职工薪酬的归集和分配

职工薪酬是企业在生产产品或提供劳务活动过程中所发生的各种直接和间接人工费用的总和。职工薪酬的归集必须有一定的原始记录作为依据：计时工资，以考勤记录中的工作时间记录为依据；计件工资，以产量记录中的产品数量和质量记录为依据；计时工资和计件工资以外的各种奖金、津贴、补贴等，按照国家和企业的有关规定进行计算。

工业企业在生产产品的过程中，生产工人工资应在“直接人工”成本项目中归集，产品工人工资应记入“生产成本——基本生产成本”科目，车间管理人员工资应记入“制造费用”科目，行政管理人员工资应记入“管理费用”科目，辅助车间人员工资应记入“生产成本——辅助生产成本”科目。若能直接记入某一产品成本计算对象，则应直接记入；若不能直接记入某一产品成本计算对象，则一般按工时、产品产量、产值比例等方式进行合理分配。计算公式为：

$$\text{生产工资费用分配率}=\frac{\text{各种产品生产工资总额}}{\text{各种产品分配标准之和}}$$

某种产品应分配的生产工资=该种产品分配标准×生产工资费用分配率

（三）辅助生产费用的归集和分配

1. 辅助生产费用的归集

工业企业的辅助生产是指为基本生产服务而进行的产品生产和劳务供应。辅助生产费用的归集和分配是通过“生产成本——辅助生产成本”科目进行的。该科目应按辅助生产车间及产品或劳务的种类设立明细账，按产品成本或费用项目设专栏

进行明细分类核算。

辅助生产费用的归集程序与基本生产费用的归集程序基本相同。对于辅助生产车间发生的材料、燃料、动力、职工薪酬等直接费用，应根据材料、职工薪酬等费用分配表及有关凭证，记入“生产成本——辅助生产成本”科目的借方及其所属明细账相应的成本项目；对于辅助生产费用的间接费用，如制造费用，一般应先记入“制造费用”总账和所属明细账的借方进行归集，然后从该科目的贷方分配转入“生产成本——辅助生产成本”科目的借方。若辅助生产车间规模不大，制造费用不多，则为简化核算，其制造费用也可以直接记入“生产成本——辅助生产成本”科目的借方，不通过“制造费用”科目核算。

辅助生产产品完工入库或实际发生的劳务成本应从“生产成本——辅助生产成本”科目的贷方转出，期末借方余额表示辅助生产车间在产品的实际成本。

为了核算每个成本计算对象的成本，在“生产成本——辅助生产成本”科目下，还应分车间按成本计算对象设置明细账，并在明细账中按“直接材料”“直接人工”“制造费用”等成本项目进行核算。

2. 辅助生产费用的分配

辅助生产所提供的产品和劳务的主要受益对象是基本生产车间和企业管理部门。但在某些辅助生产车间之间，也有相互提供产品和劳务的情况。例如，供电车间为机修车间提供用电，机修车间为供电车间提供修理劳务，这样在计算电的成本时就需要确定机修劳务成本，而在计算机修劳务成本时也需要确定电的成本，二者之间形成一种相互制约的关系。根据这一特点，辅助生产费用的分配方法有两种。一种是交叉计算辅助生产车间相互提供劳务而应分别转入、转出的费用，另一种是不考虑辅助生产车间相互提供劳务而把车间直接发生的费用全部对辅助生产车间以外的受益部门分配。

常用的辅助生产费用的分配方法有直接分配法、交互分配法、计划成本分配法、顺序分配法和代数分配法。

（1）直接分配法。该方法不考虑企业内部各辅助生产车间相互提供劳务的情况，而是将各辅助生产车间发生的费用直接分配给辅助生产车间以外的受益对象。其分配公式为：

$$辅助生产费用分配率=\frac{该种辅助生产费用总额}{该种辅助生产对外提供的劳务总量}$$

$$某受益部门应分配的费用=该部门耗用的劳务总量\times辅助生产费用分配率$$

（2）交互分配法。该方法将各辅助生产车间发生的费用分两次进行分配。首先根据各辅助生产车间相互提供产品或劳务的数量，按交互分配前的费用分配率进行第一次分配，然后对各辅助生产车间交互分配后的实际费用（即交互分配前的费用加上交互分配转入的费用，减去交互分配转出的费用）采用直接分配法，按提供产品或劳务的数量，在辅助车间以外的受益车间、部门进行第二次分配。

（四）制造费用的归集和分配

1. 制造费用的归集

制造费用是指企业为生产产品而发生的应计入产品制造成本的各项间接费用。制造费用的归集通过“制造费用”科目进行。企业根据管理需要，可将“制造费用”科目按生产车间开设明细账，按费用项目开设专栏，进行明细核算。

注意　在实际工作中，制造费用的归集可通过“制造费用明细账”进行。

2. 制造费用的分配

工业企业在生产产品的过程中，如果某生产车间只生产一种产品，那么制造费用直接计入该种产品的成本中；如果某生产车间生产多种产品，那么应当采用适当的分配方法将制造费用分配计入各种产品成本中。

制造费用的分配方法有：生产工人工时比例法（或生产工时比例法）、生产工人工资比例法（或生产工资比例法）、机器工时比例法和按年度计划分配率分配法等。

其计算公式概括为：

制造费用分配率=制造费用总额÷各产品分配标准之和（如产品生产工时总数或生产工人定额工时总数、生产工人工资总和、机器工时总数、产品计划产量的定额工时总数）

某种产品应分配的制造费用=该种产品分配标准×制造费用分配率

（五）生产费用在完工产品和在产品之间的归集和分配

工业企业在月末计算产品成本时，如果某种产品已经全部完工，那么该种产品成本明细账中所归集的生产费用，就是该种产品的完工产品成本；如果某种产品没有全部完工，那么该种产品成本明细账中所归集的生产费用，就是该种产品的月末在产品成本。对于这两种情况，都不必在完工产品与月末在产品之间进行生产费用的纵向归集和分配。如果某种产品既有完工产品又有月末在产品，那么对该种产品成本明细账中所归集的生产费用，就应该在完工产品与月末在产品之间进行纵向的归集和分配，分别计算完工产品成本和月末在产品成本。

将生产费用在完工产品与在产品之间进行分配，通常有两种方式：① 先计算在产品成本，再计算完工产品成本；② 按一定的分配标准，同时计算完工产品成本与在产品成本。

常用的分配方法有：不计算在产品成本法、在产品按固定成本计算法、在产品按定额成本计价法、在产品按所耗直接材料成本计价法、约当产量法、定额比例法。

本书仅以约当产量法为例，将生产费用在完工产品与月末在产品之间进行分配。

约当产量法是指将在产品数量按完工程度折合为完工产品的约当产量，然后将成本计算单上的生产费用，按照完工产品和在产品的约当产量进行分配的一种方法。其计算公式为：

$$在产品约当产量=在产品数量\times完工程度（\%）$$

$$单位成本=\frac{月初在产品成本+本月发生生产成本}{完工产品产量+在产品约当产量}$$

$$完工产品成本=完工产品产量\times单位成本$$

$$月末在产品成本=在产品约当产量\times单位成本$$

当生产开始一次全部投料时，单位在产品所耗原材料费用与单位完工产品所耗原材料费用一样，都按百分之百确定，那么所发生的原材料费用就应按完工产品产量和月末在产品数量分配。其他费用（人工和制造费用）就应根据生产进度来确定完工程度，并按完工产品产量和月末在产品约当产量按比例分配。如果分次陆续投料，那么原材料费用就和其他费用一样都要确定约当产量，一般原材料费用是按投料进度来确定在产品所耗其比例，其他费用仍按生产进度确定。

采用约当产量法，在产品完工程度的确定对费用分配的正确性有决定性影响。在各工序在产品数量和单位产品在各工序的加工量较均衡的情况下，后面各工序在产品多加工的程度可抵补前面各工序少加工的程度。这样全部在产品完工程度均可按 50%平均计算。如果不是此种情况，各工序在产品数量和加工量差距很大，那么就要对在产品完工程度按工序分别测定。某道工序在产品完工率计算公式为：

$$某道工序在产品完工率=\frac{前面各道工序工时定额总和+本道工序工时\times50\%}{产品工时定额}$$

单元 19　产品成本的计算

【学习目标】 通过本单元的学习，我们要解决以下 2 个问题。

- 品种法的成本计算流程包括哪几个步骤？
- 如何采用约当产量法计算完工产品成本和在产品成本？

一、产品成本计算方法

成本计算是对各种产品费用数据进行处理的过程，也就是以一定的成本计算对象为目标，对生产费用进行归集、分配，从而计算出产品成本的过程。工业企业生产组织的特点和成本管理要求对产品成本计算对象产生影响，从而形成了产品成本计算的不同方法。

（1）品种法：以产品的品种为成本计算对象。

（2）分批法：以产品批别为成本计算对象。

（3）分步法：以产品的生产步骤为成本计算对象。

以上三种方法为产品成本计算方法，除此之外，还有两种辅助产品成本计算方法，即分类法和定额法。无论采用以上哪种方法，都需要计算出各种产品的总成本和单位成本。

二、品种法

（一）品种法的特点和适用范围

品种法是按产品的品种对生产费用进行归集和分配并计算产品成本的一种方法。该方法既不要求按批别计算成本，也不要求按步骤计算成本，只按产品的品种归集和分配生产费用，计算各种产品的实际总成本和单位成本。

该方法适用于加工工艺简单、批量、单步骤生产的企业，如供水、采掘、发电等生产企业。

（二）品种法的成本计算流程

（1）按产品的品种设产品成本计算单，按成本项目设专栏，以便按成本项目归集生产费用。

（2）归集生产费用，编制各种费用分配表，并据此把各项生产费用分别按产品的品种计入产品成本计算单（明细账）有关成本项目。

（3）计算各种产品的总成本和单位成本，按已登记完毕的计算单中成本项目的有关数据及完工产品入库单编制完工产品汇总表，同时结转完工产品成本。

【相关链接】 当前，有很多企业进行的是小批单件的多步骤生产，如重型机械等的生产；有很多企业进行的是连续式复杂生产中的大批量生产，这分别需要选择适合进行成本计算的分批法与分步法。这两种方法也是需要课后学习和研究的方法。

单元 20　生产成本明细账的登记

【学习目标】 通过本单元的学习，我们要解决以下 2 个问题。

- 生产成本明细账采用哪种格式？
- 如何登记生产成本明细账？如何计算完工产品总成本与完工产品单位成本？

一、生产成本明细账的格式

生产成本明细账又叫产品成本计算表和产品成本计算单，用来计算和反映基本生产车间生产产品的成本及产品成本的组成。该明细账的格式采用的是多栏式，分别按产品的品种、类别、批别或加工步骤设置。

二、生产成本明细账的登记方法

在生产成本明细账中，月初在产品成本按上月月末余额结转。本月生产费用是指本月发生的应计入产品成本的费用，凡是直接用于生产产品的材料、燃料和动力及职工薪酬等费用，根据有关原始凭证直接记入生产成本明细账的有关项目，各种产品应负担的制造费用，月末以适当的标准分配并计入各产品生产成本明细账。本月完工产品总成本是指本月完工交库产品总成本；本月完工产品总成本除以完工产品产量就等于本月完工产品单位成本；月末在产品成本是指本月尚未完工的在产品成本。

模块 8

财务成果会计岗位实训

企业通过经营活动所实现的财务成果，表现为取得的利润和发生的亏损。准确无误地核算企业的财务成果是财务成果会计的主要任务，直接影响国家的税收。

那么，如何准确无误地核算企业的财务成果？如何根据企业的利润总额计算所得税？这是本模块要介绍的内容。

本模块主要介绍各种结算方式下商品销售的核算、与利润核算有关的税金及附加的核算、期间费用的核算、利润形成的核算、利润分配的核算。通过本模块的学习，主要掌握如下财务成果会计岗位的实务操作流程。

- ◆ 交款提货销售、预收账款销售等商品销售与其他销售业务的核算。
- ◆ 消费税、城市维护建设税、教育费附加的核算。
- ◆ 销售费用、管理费用、财务费用的核算。
- ◆ 营业外收入、营业外支出、投资净收益、所得税、利润形成的核算。
- ◆ 利润分配的核算。

单元 21　收入的核算

【学习目标】 通过本单元的学习，我们要解决以下 3 个问题。

销售收入的确认时间是如何规定的？

销售时涉及的原始凭证有哪些？

材料销售与商品销售有什么区别？如何进行会计处理？

一、收入的特点和分类

（一）收入的特点

（1）收入是从企业的日常活动中产生的，而不是从偶发的交易或事项中产生的。

（2）收入表现为企业资产的增加或负债的减少。

（3）收入能引起企业所有者权益的增加。

（4）收入只包括本企业经济利益的流入，而不包括为第三方或客户代收的款项。

（二）收入的分类

（1）收入按性质的不同，可以分为销售商品的收入、提供劳务的收入和让渡资产使用权的收入。

（2）收入按企业经营业务主次的不同，可以分为主营业务收入和其他业务收入。

二、商品销售收入的核算

（一）商品销售收入的确认

《企业会计准则》规定，企业一般于商品已经发出、劳务已经提供，同时收讫价款或取得收取价款的凭据时确认销售收入的实现。

（1）采取直接收款方式销售，以货款已经收到或取得收取货款的凭证、发票账单和提货单已交给购货方（无论商品是否发出）为销售收入的实现。

（2）采取预收货款方式销售，以发出商品为销售收入的实现。

（3）采取托收方式销售，以商品已经发出并办妥托收手续为销售收入的实现。

（4）采取委托其他单位以代销方式销售，以代销商品已经售出并收到代销单位的代销清单为销售收入的实现。

（二）主营业务收入的核算

1. 交款提货销售的核算

交款提货销售应在收到货款、开出发票账单时，根据收款凭证和增值税专用发票的记账联，借记“银行存款”科目，贷记“主营业务收入”“应交税费——应交增值税（销项税额）”科目。

2. 预收账款销售的核算

企业采用预收账款销售向购货单位预收货款时，应根据收款凭证，借记“银行存款”科目，贷记“预收账款”科目；销售实现时，应根据增值税专用发票的记账联按售价及应交增值税的销项税额，借记“预收账款”科目，按照实现的营业收入贷记“主营业务收入”科目，按照增值税专用发票上注明的增值税额贷记“应交税费——应交增值税（销项税额）”科目；收到购货单位补付的货款时，应根据收款凭证借记“银行存款”科目，贷记“预收账款”科目；向购货单位退回其多付的款项时，应根据付款凭证借记“预收账款”科目，贷记“银行存款”科目。

注意　预收货款表示还欠人家的货，所以“预收账款”是负债。

3. 采用托收承付收款方式销售的核算

采用托收承付收款方式销售商品，应在发出商品后办妥托收手续时，根据托收凭证的回单联和增值税专用发票的记账联等，借记“应收账款”科目，贷记“主营业务收入”“应交税费——应交增值税（销项税额）”科目；收回货款时，应根据托收凭证收账通知联，借记“银行存款”科目，贷记“应收账款”科目。

【相关链接】企业销售商品所采取的货款结算方式有很多种，主要包括支票、银行本票、银行汇票、商业汇票、信用卡和汇兑（电汇和信汇）、托收承付、委托收款等结算方式。其中，托收承付结算就是根据购销合同收款人发货后委托银行向异地购货单位收取货款，购货单位根据合同核对单证或验货后，向银行承认付款的一种结算方式。办理托收承付结算的款项，必须是商品交易及因商品交易而产生的劳务供应的款项，分为邮寄和电报，由收款人选用。代销、寄销、赊销商品的款项不得办理托收承付结算。

问题：企业销售商品在什么情况下可采用托收承付的结算方式？它的金额起点是多少？适用于同城还是异地结算？

（三）主营业务成本的核算

企业商品销售成本的结转，除分期收款方式销售需要随时结转成本外，其余可在月末集中结转。结转商品销售成本时，企业应根据商品出库单编制商品销售成本计算单，据此借记“主营业务成本”科目，贷记“库存商品”科目。

三、其他销售业务的核算

工业企业除了销售商品外，还可能发生材料及包装物销售、转让无形资产的使用权、出租固定资产及包装物等。其他业务收入和相关的成本支出，通过“其他业务收入”和“其他业务成本”科目核算。

（一）材料销售的核算

企业销售不需要用的原材料时，应根据增值税专用发票的记账联及收款收据等，借记“银行存款”“应收票据”“应收账款”等科目，贷记“其他业务收入”“应交税费——应交增值税（销项税额）”科目；根据出库单结转其销售成本，借记“其他业务成本”科目，贷记“原材料”科目。

（二）转让无形资产使用权的核算

转让无形资产使用权的收入属于企业的其他业务收入，该项收入按规定应交纳增值税。根据无形资产转让单和进账单收账通知联，借记“银行存款”科目，贷记“其他业务收入”科目；根据增值税专用发票上的增值税税额贷记“应交税费——应交增值税（销项税额）”科目；同时根据无形资产转让单摊销其转让成本，借记“其他业务成本”科目，贷记“累计摊销”科目。

注意

企业出租无形资产的收入也记入“其他业务收入”科目，同时将按租金收入计算的应交纳的增值税记入“应交税费——应交增值税”科目；而转让无形资产所有权时，其增值税的核算也通过“应交税费——应交增值税”科目核算，其借、贷双方差额则记入“资产处置损益”科目。

单元 22　与利润核算有关的税金及附加的核算

【学习目标】 通过本单元的学习，我们要解决以下 3 个问题。

- 与利润核算有关的税金及附加有哪些？
- 什么行业、什么项目计算缴纳哪些税种？如何进行会计处理？
- 城市维护建设税与教育费附加的计算依据是什么？二者在会计核算上有什么不同？

一般纳税人在销售商品、材料时，均会发生向购货单位收取货款和增值税的问题。增值税与销售有关，但增值税的计算采取税款抵扣法，即将销售时向购买方收取的销项税额与购买材料时支付的进项税额相抵扣来计算当月应交的增值税，增值税通过“应交税费”科目核算。增值税除出口退税外与利润的核算无关。与利润核算有关的税金及附加主要有消费税、城市维护建设税、教育费附加、房产税、土地使用税、印花税、车船使用税等，以上税金及附加发生时主要通过“税金及附加”科目核算。

【相关链接】 **与小规模纳税人有关的税金的核算**：对小规模纳税人用简易办法计算要交纳的增值税，购入货物或接受应税劳务支付的增值税，应直接计入有关货物或劳务成本，不计算进项税额；销售货物或提供应税劳务按规定应当出具普通发票，普通发票上不注明应纳税额，普通发票上应税项目的金额是含税销售额，其增值税直接通过不含税的销售额乘以征收率并通过“应交税费”科目核算。其他税金的核算同一般纳税人的核算基本相同。

一、消费税的核算

消费税是指对在我国境内从事生产、委托加工及进口应税消费品的单位和个人，就其应税消费品的销售额或销售数量征收的一种流转税。消费税的税目有：烟、酒、化妆品、贵重首饰及珠宝玉石、汽油、汽车轮胎等。消费税按从价定率和从量定额两种方法计算征收。

1. 从价定率

从价定率计算方法下的计算公式为：

应交消费税税额=销售额（或组成计税价格）×适用税率

其中，销售额为纳税人销售应税消费品向购买方收取的全部价款和价外费用。

组成计税价格=（成本+利润）÷（1–消费税率）

2. 从量定额

从量定额计算方法下的计算公式为：

应交消费税税额=销售数量×单位税额

此处只介绍销售应税消费品的核算。企业销售需要交纳消费税的物资时应交消费税，并应根据消费税计算表，借记“税金及附加”等科目，贷记“应交税费——应交消费税”科目。

【相关链接】 **税金及附加**：1.根据财会〔2016〕22 号文件，“营业税金及附加”科目名称调整为“税金及附加”科目。

2.“税金及附加”科目用于核算企业经营活动发生的消费税、城市维护建设税、资源税、房产税、土地使用税、车船使用税、印花税及教育费附加等相关税费。

二、城市维护建设税的核算

城市维护建设税是以增值税、消费税之和为计税依据征收的一种税。其纳税人为交纳增值税、消费税的单位和个人。税率按纳税人所在地区确定。实行差别比例税率，即按照纳税人所在地区的不同，实行两挡地区差别比例税率。具体为：

（1）纳税人所在地为城市市区的，税率为 7%。

（2）纳税人所在地为非城市市区的，税率为 5%。

应交城市维护建设税的计算公式为：

应交城市维护建设税税额=（增值税税额+消费税税额）×适用税率

企业计算出应交城市维护建设税，借记“税金及附加”科目，贷记“应交税费——应交城市维护建设税”科目；实际交纳时，根据税收缴款凭证，借记“应交税费——应交城市维护建设税”科目，贷记“银行存款”科目。

三、教育费附加的核算

教育费附加是国家为了发展我国教育事业、提高人民文化素质而征收的一项费用。其计算方法与城市维护建设税的计算方法相同，都以企业实际交纳的增值税税额和消费税税额为计算依据。教育费附加的提取率为 3%（地方教育费附加的提取率为 2%）。应交教育费附加的计算公式为：

应交教育费附加额=（增值税税额+消费税税额）×提取率

企业按规定计算出应交教育费附加，应编制教育费附加计算表并根据其借记“税金及附加”科目，贷记“应交税费——应交教育费附加”科目；实际交纳时，根据税收缴款凭证，借记“应交税费——应交教育费附加”科目，贷记“银行存款”科目。

四、其他税金的核算

资源税是对在我国境内从事资源开采的单位和个人征收的一种税。

房产税是以房屋为征税对象，按房屋的计税余值或出租房产取得的租金收入为计税依据，向产权所有人征收的一种财产税。我国房产税采用比例税率。其中，从价计征的，税率为 1.2%；从租计征的，税率为 12%。从 2001 年 1 月 1 日起，对个人按市场价格出租的居民住房，用于居住的，可暂减按 4%的税率征收房产税。

城镇土地使用税以城市、县城、建制镇、工矿区范围内使用土地的单位和个人为纳税人，以其实际占用的土地面积和规定税额计算征收。年应纳税税额等于实际占用的土地面积乘以适用税额。

车船税是对行驶于我国公共道路，航行于国内河流、湖泊或领海口岸的车船，按其种类实行定额征收的一种税。

印花税是对经济活动和经济交往中书立、领受凭证征收的一种税。

通常情况下，企业按规定计算确定的与经营活动相关的资源税、房产税、城镇土地使用税、车船税等税费，企业应借记“税金及附加”科目，贷记“应交税费”科目。期末，应将“税金及附加”科目余额转入“本年利润”科目，结转后，“税金及附加”科目无余额。企业交纳的印花税，不会发生应付未付税款的情况，不需要预计应纳税金额，同时也不存在与税务机关结算或清算的问题。因此，企业交纳的印花税不通过“应交税费”科目核算，于购买印花税票时直接借记“税金及附加”科目，贷记“银行存款”科目。

单元 23 期间费用的核算

【学习目标】 通过本单元的学习，我们要解决以下 2 个问题。

- 期间费用与生产费用有什么区别？
- 如何区分管理费用、销售费用与财务费用？

期间费用是指企业当期发生的必须从当期收入中得到补偿的费用。由于它仅与当期实现的收入有关，必须计入当期损益，所以称其为期间费用。期间费用包括销售费用、管理费用和财务费用。

1. 销售费用的核算

销售费用是指企业在销售商品的过程中发生的各项费用，包括包装费、运杂费、保险费、广告费、展览费，以及企业专设销售机构的职工工资、福利费、业务费等经营费用。

企业发生各项销售费用时，借记“销售费用”科目，贷记“库存现金”“银行存款”“应付职工薪酬”等科目；期末，应将“销售费用”科目的余额转入“本年利润”科目，借记“本年利润”科目，贷记“销售费用”科目。

2. 管理费用的核算

管理费用是指企业为组织和管理生产经营活动而发生的各项费用，包括公司经费、工会经费、待业保险费、劳动保险费、董事会费、聘请中介机构费、咨询费、诉讼费、业务招待费、技术转让费、无形资产摊销、职工教育经费等。

企业发生各项管理费用时，应根据相应的原始凭证，借记“管理费用”科目，贷记“银行存款”科目。

3. 财务费用的核算

财务费用是指企业为筹集生产经营所需资金而发生的费用，包括应当作为期间费用的利息支出（减利息收入）、汇兑损失（减汇兑收益）及相关的手续费等。

企业发生各项财务费用时，借记“财务费用”科目，贷记“银行存款”“应付利息”等科目；企业发生利息收入、汇兑收益时，借记“银行存款”科目，贷记“财务费用”科目；期末，应将“财务费用”科目的余额转入“本年利润”科目，借记

“本年利润”科目，贷记“财务费用”科目。

单元 24 利润形成的核算

【学习目标】 通过本单元的学习，我们要解决以下 3 个问题。

- 通过“营业外收入”科目核算什么内容？它属于收入吗？为什么？
- 企业如何计算所得税？
- 利润通过什么科目进行核算？利润由哪几部分构成？

利润由营业利润、利润总额和净利润构成。

营业利润是企业利润的主要来源。以营业收入为基础，减去营业成本、税金及附加、销售费用、管理费用、研发费用、财务费用、资产减值损失，加上其他收益、投资收益（减去投资损失）、公允价值变动收益（减去公允价值变动损失）、资产处置收益（减去资产处置损失），计算出营业利润。

利润总额是以营业利润为基础，加上营业外收入，减去营业外支出后计算出的金额。

净利润是企业当期利润总额减去所得税费用后的金额，即企业的税后利润。

由于营业收入、税金及附加、期间费用、投资收益等内容的核算分别在本章及前面有关章节中讲述，下面仅就营业外收入和营业外支出及所得税费用的核算加以介绍。

1. 营业外收入的核算

营业外收入具体包括：债务重组利得、企业合并损益、盘盈利得、因债权人原因确实无法支付的应付款项、罚款收入、捐赠利得等。

企业处理固定资产得到收入及罚款收入时，应根据固定资产处置报告单、罚款收据等，借记“固定资产清理”“银行存款”科目，贷记“营业外收入”科目。

2. 营业外支出的核算

营业外支出具体包括：固定资产盘亏、处理固定资产损失、非常损失及捐赠支出等。

企业发生固定资产盘亏、处理固定资产损失、非常损失及捐赠支出时，应根据固定资产盘亏报告单及相关支出凭证，借记“营业外支出”科目，贷记 “固定资产清理”“银行存款”等科目。

【相关链接】 根据税法规定，企业即纳税人直接对受赠人的捐赠不允许在计算应纳税所得额时扣除；而通过我国境内非营利性的社会团体、国家机关，向教育、民政、红十字事业等的公益、救济性捐赠允许按规定标准扣除。

3. 投资净收益的核算

投资净收益是指企业对外投资收益减去对外投资损失后的净额。企业的对外投资包括债权性投资和股权性投资。通过“投资收益”科目核算企业对外投资取得的利息、股利等。企业取得投资收入时，应根据收账通知等，借记“银行存款”科目，贷记“投资收益”科目。

4. 资产处置损益的核算

2017年12月财政部发布了《关于修订印发一般企业财务报表格式的通知》（财会〔2017〕30号）（下称财会〔2017〕30号），其中新增了一个“资产处置收益”报表项目和一个“资产处置损益”会计科目。通过“资产处置损益”科目核算固定资产、无形资产等因出售、转让等原因，产生的处置利得或损失。它是损益类科目，如发生处置净损失，则借记“资产处置损益”；如为净收益，则贷记“资产处置损益”。资产处置损益影响营业利润。

5. 所得税的核算

所得税是指我国境内企业就其生产、经营所得和其他所得所缴纳的一种税。其课税对象是纳税人的净所得。

应交所得税税额=应纳税所得额×所得税税率

其中，应纳税所得额为所得税的计税依据，要根据税法要求确定。它不能直接取决于财务会计上所确认的会计收益，而应在企业税前利润的基础上调整确定。其公式为：

应纳税所得额=税前会计利润+纳税调整增加额−纳税调整减少额

纳税调整增加额主要包括企业超过税法规定的工资支出、业务招待费支出、公益性捐赠支出、税收滞纳金罚款等。纳税调整减少额主要包括按税法规定允许弥补的前五年内未弥补的亏损和国债利息收入等。

企业按应纳税所得额计算出本期应交所得税，借记“所得税费用”科目，贷记“应交税费——应交所得税”科目；实际交税金时，应根据税收缴款凭证，借记“应交税费——应交所得税”科目，贷记“银行存款”科目；期末，应将“所得税费用”科目的余额转入“本年利润”科目，结转后“所得税费用”科目应无余额。

6. 利润形成的核算

利润形成的核算，是通过“本年利润”科目进行的。该科目属于所有者权益类科目，用来核算企业在本年度实现的净利润（或亏损）总额。期末结转利润时，将收入类账户转入“本年利润”科目的贷方，将支出类账户转入“本年利润”科目的借方，余额在贷方表示实现的利润总额，余额在借方表示亏损总额。年度终了，将利润净额转入“利润分配——未分配利润”科目，结转后无余额。

单元 25　利润分配的核算

【学习目标】 通过本单元的学习，我们要解决以下 2 个问题。

- 对利润进行分配是按税后利润还是税前利润？如何分配？
- 法定盈余公积金的用途有哪些？

1. 利润分配的顺序

企业对于实现的利润，按照国家规定进行相应的调整后，应依法交纳所得税。对于交纳所得税后的利润，除国家另有规定外，按下列顺序进行分配。

（1）被没收的财物损失，支付各项税收的滞纳金和罚款。

（2）弥补以前年度亏损。

（3）提取法定盈余公积金。

（4）向投资者分配利润或股利。

2. 提取盈余公积金的核算

盈余公积金按税后利润的 10%计提，主要用于弥补亏损和转增资本。当盈余公积金达到注册资金的 50%时，可以不再提取。

企业按税后利润计提盈余公积金时，借记“利润分配——提取盈余公积”科目，贷记“盈余公积——法定盈余公积”科目；当用盈余公积金转增资本时，借记“盈余公积——法定盈余公积”科目，贷记“实收资本”科目。

3. 应付利润的核算

企业对于税后利润，除依法提取盈余公积金外，还应向投资者分配利润。

企业计算出应付投资者利润，应根据分红决议，借记“利润分配——应付股利”科目，贷记“应付股利”科目；当实际缴付投资者利润时，应根据相关支出凭证，借记“应付股利”科目，贷记“银行存款”科目。

【相关链接】 工业企业实现的利润是通过“本年利润”科目核算的。利润分配时，不直接抵减“本年利润”科目，而通过“利润分配”科目核算。这样，“本年利润”科目能完整地反映本年度已实现的利润，“利润分配”科目的有关明细科目，能全面反映本年度利润分配情况。在年终决算时，将这些科目的余额予以转销。转销的方法是：将全年实现的利润净额从“本年利润”科目转入“利润分配——未分配利润”科目的贷方，将“利润分配”科目下设的“提取盈余公积”“应付股利”等明细科目转入“利润分配——未分配利润”科目的借方，结转后“利润分配——未分配利润”科目的借方余额为未弥补的亏损，贷方余额为未分配的利润。

模块9

记账员岗位实训

记账员在一个企业的会计部门中占有一定的位置，有些企业单设记账员，有些企业的记账工作由各岗位会计自己完成。各单位根据本单位的实际情况自行设定各会计岗位。

记账员的主要工作如下：

（1）根据审核后的原始凭证、记账凭证登记日记账、明细账。

（2）根据科目汇总表登记总分类账。

（3）对账、结账，做到账证相符、账账相符、账实相符。

本模块主要介绍账簿的种类、记账规则、总分类账与明细分类账的平行登记，以及错账的更正方法。通过本模块的学习，主要掌握如下核算内容。

◆ 准确识别各类账簿并掌握每个账户使用什么格式的账页。

◆ 掌握记账规则和记账方法。

◆ 发生错账时能够熟练地采用正确的方法予以更正。

◆ 能够准确登账并能做到及时对账、结账。

单元 26　记账概述

【学习目标】通过本单元的学习，我们要解决以下 3 个问题。

- 账簿如何进行分类？
- 登记账簿的基本要求有哪些？
- 平行登记的要点有哪些？怎样进行平行登记？

一、会计账簿的分类及记账的基本要求

会计账簿是指由一定格式的账页组成的，以经过审核的会计凭证为依据，全面、系统、连续地记录各项经济业务的簿籍。设置和登记账簿，是编制财务报表的基础，是连接会计凭证和财务报表的中间环节。

【相关链接】《会计基础工作规范》第五十六条规定，各单位应当按照国家统一会计制度的规定和会计业务的需要设置会计账簿。会计账簿包括总账、明细账、日记账和其他辅助性账簿。

（一）会计账簿按不同的标准分为不同的种类

（1）按用途不同，账簿可分为序时账簿、分类账簿和备查账簿。

（2）按账页格式的不同，账簿可分为三栏式账簿、多栏式账簿、数量金额式账簿、横线登记式账簿。

（3）按外形特征的不同，账簿可分为订本账、活页账和卡片账。

（二）登记账簿时应遵循的基本要求

（1）为了保证账簿记录的正确性，必须根据审核无误的会计凭证记账。

（2）为了保证账簿记录的持久性，防止涂改，必须使用蓝黑墨水或碳素墨水并用钢笔书写，不得用铅笔或规定以外的圆珠笔书写。

（3）记账时，必须按账户页次逐页逐行登记，不得隔页、跳行。若发生隔页、跳行现象，则应在空页、空行处用红色墨水画对角线注销，加盖“此页空白”或“此行空白”戳记，并由记账人员签章。

（4）账簿登记完毕，应在记账凭证“过账”栏内注明账簿页数或画对钩，表示记账完毕，避免重记、漏记。

（5）记账时必须将账页中的日期、凭证编号、摘要、金额等项目填写齐全，做到“摘要”简明扼要、文字规范清楚、数字清晰无误。结出账户余额后，在“借或贷”栏内注明“借”或“贷”字样，以示余额的方向；对于没有余额的账户，应在此栏内标“平”字，在“余额”栏内写“σ”。

（6）每一账页记录完毕，应在该账页最末一行加记发生额合计及余额，在该行

“摘要”栏注明“转次页”或“过次页”，并将这一金额记入下一页第一行有关金额栏内，在该行“摘要”栏注明“承前页”，以保持账簿记录的连续性，便于对账和结账。

（7）若账簿记录发生错误，则不得随意刮、擦、挖补或用褪色药水更改字迹，而应采用规定的方法更正。

（8）除结账、改错、冲账等按国家统一会计制度规定用红字登记的会计记录外，不得用红色墨水登记账簿。会计中的红字表示负数。

【相关链接】《会计基础工作规范》第六十条规定下列情况可以用红色墨水记账。

（1）按照红字冲账的记账凭证，冲销错误记录。

（2）在不设借贷等栏的多栏式账页中，登记减少数。

（3）在三栏式账页的“余额”栏前，未印明余额方向的，在余额栏内登记负数余额。

（4）根据国家统一会计制度规定可以用红字登记的其他会计记录。

二、平行登记

平行登记是指对所发生的每项经济业务，都要以会计凭证为依据，一方面记入有关总分类账户，另一方面记入有关总分类账户所属明细分类账户。

其要点包括：方向相同、期间相同、金额相等。

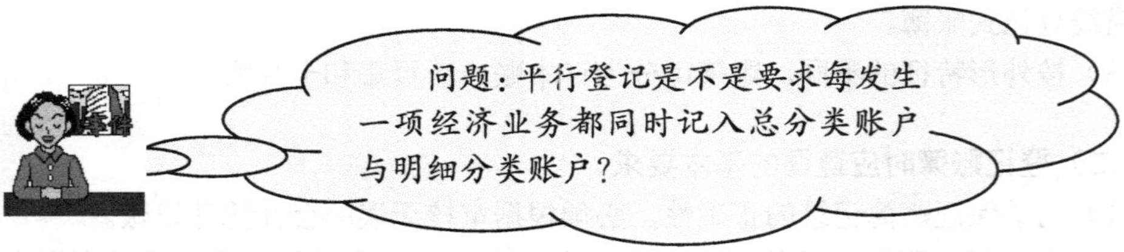

当根据发生的经济业务登记完总分类账户及所属明细分类账户之后，要编制平行登记表，表中结果要满足如下要求：

（1）总分类账户本期发生额与其所属明细分类账户本期发生额的合计相等。

（2）总分类账户期末余额与其所属明细分类账户期末余额的合计相等。

三、对账与结账

（一）对账

会计对账工作的主要内容包括：账证核对、账账核对、账实核对。

1. 账账核对的内容

（1）核对总分类账簿的记录。

（2）总分类账簿与所属明细分类账簿核对。

（3）总分类账簿与序时账簿核对。

（4）明细分类账簿之间的核对。

2. 账实核对的内容

（1）现金日记账账面余额与库存现金数额是否相符。

（2）银行存款日记账账面余额与银行对账单的余额是否相符。

（3）各项财产物资明细账账面余额与财产物资的实有数额是否相符。

（4）有关债权债务明细账账面余额与对方单位的账面记录是否相符。

（二）结账

结账方法的要点主要有：

（1）对不需按月结计本期发生额的账户，每次记账以后，都要随时结出余额，每月最后一笔余额是月末余额，即月末余额就是本月最后一笔经济业务记录的同一行内余额。月末结账时，只需要在最后一笔经济业务记录之下通栏画单红线，不需要再次结计余额。

（2）库存现金、银行存款日记账和需要按月结计发生额的收入、费用等明细账，每月结账时，要在最后一笔经济业务记录下面通栏画单红线，结出本月发生额和余额，在摘要栏内注明“本月合计”字样，并在下面通栏画单红线。

（3）对于需要结计本年累计发生额的明细分类账户，每月结账时，应在“本月合计”行下结出自年初起至本月月末止的累计发生额，登记在月份发生额下面，在摘要栏内注明“本年累计”字样，并在下面通栏画单红线。12 月月末的“本年累计”就是全年累计发生额，全年累计发生额下通栏画双红线。

（4）总分类账户平时只需结出月末余额。年终结账时，为了总括地反映全年各项资金运动情况的全貌，核对账目，要将所有总分类账户结出全年发生额和年末余额，在摘要栏内注明“本年合计”字样，并在合计数下通栏画双红线。

（5）年度终了结账时，有余额的账户，应将其余额结转下年，并在摘要栏注明“结转下年”字样；在下一会计年度新建有关账户的第一行余额栏内填写上年结转的余额，并在摘要栏注明“上年结转”字样，使年末有余额账户的余额如实地在账户中加以反映，以免混淆有余额的账户和无余额的账户。

注意　年度终了必须更换新的账簿。年度结账以后，将本年度账簿中的余额结转到下一会计年度的新账簿中去，然后将本年度的全部账簿整理归档。

单元 27　错账的更正方法

【学习目标】　通过本单元的学习，我们要解决以下 3 个问题。

记账后发现应记的科目记错该如何更正？

记账后发现应记的金额小于实际所记的金额，应采用什么方法更正？

记账后发现应记的金额大于实际所记的金额，应采用什么方法更正？

【相关链接】《会计基础工作规范》第六十二条规定，账簿记录发生错误，不准涂改、挖补、刮擦或用药水消除字迹，不准重新抄写，必须按照下列方法进行更正。

1. 划线更正法

结账前发现账簿记录有文字或数字错误，而记账凭证没有错误，可以采用划线更正法。更正时，可在错误的文字或数字上画一条红线，在红线的上方填写正确的文字或数字，并由记账人员在更正处盖章，以明确责任。但应注意，更正时不得只划销个别数字，错误的数字必须全部划销，并保持原有数字清晰可辨，以便审查。例如，将 3 684.00 元误记为 6 384.00 元，应先在 6 384.00 上画一条红线以示注销，然后在其上方空白处填写正确的数字，而不能只将前两位数字更正为“36”。

2. 红字更正法

红字更正法有两种情况。

一是记账后发现记账凭证中的应借、应贷科目有错误，从而引起记账错误。更正的方法是：用红字填写一张与原记账凭证完全相同的记账凭证，以示注销原记账凭证；然后用蓝字填写一张正确的记账凭证，并据以记账。其具体操作步骤如下。

（1）用红字注销原记账凭证。

（2）用红字冲销账簿错误记录。

（3）用蓝字编制正确记账凭证。

（4）用蓝字正确登账。

二是记账后发现记账凭证和账簿记录中应借、应贷科目无误，只是所记金额大于应记金额。更正的方法是：按多记的金额用红字编制一张与原记账凭证应借、应贷科目完全相同的记账凭证，以冲销多记的金额，并据以记账。其具体操作步骤如下。

（1）用红字记账凭证冲销多记金额。

（2）用红字登账冲销多记金额。

3. 补充登记法

补充登记法又称补充更正法。记账后发现记账凭证和账簿记录中应借、应贷科目无误，只是所记金额小于应记金额，这时应采用补充登记法。其方法是：按少记的金额用蓝字编制一张与原记账凭证应借、应贷科目完全相同的记账凭证，以补充少记的金额，并据以记账。其具体操作步骤如下。

（1）用蓝字记账凭证补充少记金额。

（2）用蓝字补充登记账簿少记金额。

模块 10

财务报告会计岗位实训

企业进行会计核算的主要目的是定期向投资者、债权人及企业的管理者等提供企业各项经济资源的来源及分布情况，定期总结出企业的经营成果，这需要通过什么渠道和方法来实现呢？

这就需要通过编制会计报表来实现。会计报表是财务会计报告的组成部分，财务会计报告由会计报表、会计报表附注、财务情况说明书构成。这也是财务报告会计应做的工作。

本模块主要介绍会计报表的意义、种类和编制要求，以及会计报表的编制。通过本模块的学习，主要掌握如下会计报表的编制方法及实务操作流程。

- ◆ 资产负债表的结构、编制方法、编制要求。
- ◆ 利润表及其附表的结构及编制方法。

单元 28　会计报表的意义、种类和编制要求

【学习目标】 通过本单元的学习，我们要解决以下问题。

编制会计报表对企业管理者、财税部门、银行、投资者都有什么意义？

1. 会计报表的意义、种类

编制会计报表是会计核算的一种专门方法。企业的会计报表主要包括资产负债表、利润表、现金流量表等。

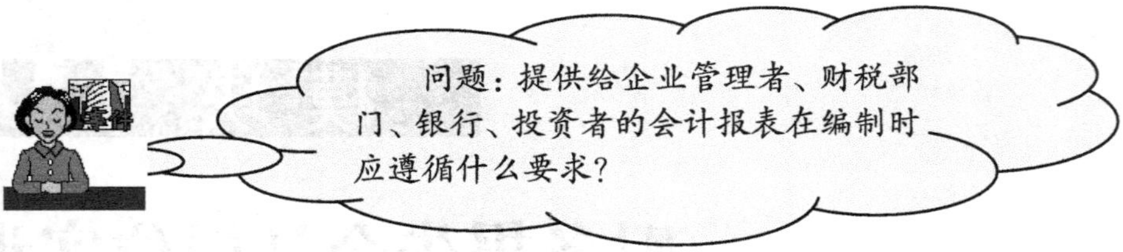

会计报表是提供会计资料的一种基本手段。企业领导和管理人员通过会计报表可以系统地了解企业现有经济资源的利用情况，掌握企业的财务状况，为采取改善经营管理措施、制订今后工作计划提供了重要的参考资料；企业主管部门还可以通过所属企业上报的会计报表，来了解和分析所属企业资产负债情况及财务状况，并可将各单位的同类指标进行对比，为推广先进经验、指导基层企业工作提供基本依据；财税部门、银行也可以利用会计报表进行财税监督和信贷监督，以便有效地调节社会基金；企业和投资者可通过对企业会计报表的分析，决定在未来时期内的投资趋向，进而促使社会公众这一潜在的投资者尽快确定投资意向。这一切又从另一个方面刺激了企业经营管理水平的进一步提高。

由于每个单位经济活动的特点和管理的要求不同，各个单位所编制的会计报表的种类也不尽相同。但在一般情况下，会计报表可以分为以下几种。

（1）按照会计报表所反映的经济内容，分为资产负债表、利润表、现金流量表。

（2）按照会计报表编制的时期，分为月报、季报、半年报和年报。

（3）按照会计报表编制的单位，分为单位报表和汇总报表。

（4）按照会计报表的服务对象，分为外部报表和内部报表。

2. 会计报表的编制要求

为了充分发挥会计报表的作用，在编制会计报表时，必须做到数字真实、计算准确、内容完整、说明清楚、编报及时。

为了达到上述要求，在编制报表之前还必须做好下列准备工作。

（1）检查当期的经济业务是否全部记账，做到账证相符。

（2）检查总分类账和明细分类账，做到账账相符。

（3）检查各项财物的盘存情况，做到账实相符。

单元 29　会计报表的编制

【学习目标】 通过本单元的学习，我们要解决以下 3 个问题。

在编制资产负债表时，根据有关明细分类账户分析计算填列的项目有哪些？分别如何计算填列？

利润表是根据各损益类账户的什么金额填列的？利润表的编制与资产负债表的编制有什么区别？

利润表和利润分配表中的各项目数据是如何计算出来的？

一、资产负债表

资产负债表是反映企业在某一特定日期财务状况的报表。它是根据“资产=负债+所有者权益”这一基本会计等式，按照一定的分类标准和一定的次序，将企业在一定日期的资产、负债、所有者权益项目予以适当排列编制而成的。利用资产负债表和其他有关资料，可以综合分析和评价企业的财务状况。

【相关链接】 反映企业短期偿债能力的指标有流动比率和速动比率等。

流动比率＝流动资产÷流动负债×100%

速动比率＝速动资产÷流动负债×100%

（一）资产负债表的结构内容

资产负债表包括表首标题和报表主体两部分。表首标题包括企业的名称、报表的名称和编制的日期。报表主体包括资产、负债、所有者权益三大类的构成项目及其金额，并以“资产=负债+所有者权益”这一基本会计等式为编制基础，采用账户式结构。

资产类项目按流动性大小依次排列：流动资产、非流动资产。

权益类项目按求偿时间先后顺序依次排列：流动负债、非流动负债、所有者权益。

（二）资产负债表的编制方法

在编制资产负债表时，表中“年初数”栏内各项数字应根据上年年末资产负债表“期末数”栏内所列数字填列；“期末数”按企业本期总分类账户或有关明细分类账户的期末余额直接填列或分析加工处理后填列。

1. 根据总分类账户的期末余额直接填列的项目

根据总分类账户的期末余额直接填列的项目有：“短期借款”“实收资本”“资本公积”“盈余公积”等。

2. 根据若干个总分类账户的期末余额相加填列的项目

（1）“货币资金”项目。本项目应根据“库存现金”“银行存款”“其他货币资金”账户的期末余额之和填列。

（2）“其他应收款”项目。本项目应根据“应收利息”“应收股利”“其他应收款”科目的期末余额合计数，减去“坏账准备”科目中相关坏账准备期末余额后的金额填列。

（3）“存货”项目。本项目应根据“原材料”“生产成本”“库存商品”“材料采购（在途物资）”“周转材料”等账户的期末余额合计数，减去“存货跌价准备”等科目期末余额后的净额填列。

（4）“其他应付款”项目。本项目应根据“应付利息”“应付股利”“其他应付款”科目的期末余额合计数填列。

（5）“未分配利润”项目。本项目应根据“本年利润”科目和“利润分配”科目的期末余额计算填列。未弥补的亏损在本项目内以“-”号填列。

3. 根据有关明细分类账户分析计算填列的项目

（1）“应收账款”项目。本项目应根据“应收账款”“预收账款”科目所属各明细科目的期末借方余额合计数，减去“坏账准备”科目中相关坏账准备期末余额后的金额填列。

（2）“预付款项”项目。本项目应根据“预付账款”“应付账款”科目所属各明细科目的期末借方余额合计数，减去“坏账准备”科目中有关预付账款计提的坏账准备期末余额后的净额填列。“预付账款”科目所属明细科目期末有贷方余额的，应在资产负债表“应付账款”项目内填列。

（3）“应付账款”项目。本项目应根据“应付账款”“预付账款”科目所属各明细账户的期末贷方余额合计数填列，所属明细科目有借方余额的填列在“预付款项”项目。

（4）“预收款项”项目。本项目应根据“预收账款”“应收账款”科目所属各明细科目的期末贷方余额合计数填列。“预收账款”科目所属明细科目期末有借方余额的，应在资产负债表“应收账款”项目内填列。

4. 根据有关科目余额减去其备抵科目余额后的净额填列的项目

根据有关科目余额减去其备抵科目余额后的净额填列的项目有“应收账款”“长期股权投资”“在建工程”“固定资产”“无形资产”等。

“固定资产”项目应根据“固定资产”科目的余额减去“累计折旧”“固定资产减值准备”科目余额后的净额填列。“无形资产”项目应根据“无形资产”科目的余额减去“累计摊销”“无形资产减值准备”备抵科目余额后的净额填列。“应收账款”“长期股权投资”“在建工程”等项目应根据“应收账款”“长期股权投资”“在建工程”等科目的余额减去“坏账准备”“长期股权投资减值准备”“在建工程减值准备”等科目余额后的净额填列。

【相关链接】资产负债表的未分配利润项目，在每年的 1—11 月份应根据“本年利润”账户的余额减去“利润分配”账户的余额填列，12 月月底直接根据“利润分配——未分配利润”明细分类账户的余额填列。

二、利润表及其附表

利润表也称损益表，是反映企业在一定会计期间（如年度、月份）内生产经营成果的会计报表。它提供企业在一定时期内销售收入取得、成本费用发生、利润或亏损的现实情况。

通过利润表可以分析企业利用现有经济资源的能力，用以考核评价管理者的效能；可以评价企业在一定时期内的经营成果，了解企业的获利能力；可以预测企业未来的经营状况和财务状况的变动趋势，预测企业未来的盈利能力。

【相关链接】评价企业盈利能力的指标有主营业务净利率、营业利润率、成本费用利润率等。

主营业务净利率＝净利润÷主营业务收入净额

营业利润率＝营业利润÷主营业务收入净额

成本费用利润率＝利润总额÷成本费用总额

（一）利润表的结构内容

利润表是依据“收入–费用=利润”的经济内容编制的。在结构上可以有两种，一种是单步式利润表，另一种是多步式利润表。单步式利润表把企业本期所有收入汇集在一起计算出收入合计数，再将本期成本、费用、损失等汇集在一起计算出支出合计数，二者相抵，计算出企业的总损益。由于只有一个步骤，故称为单步式利润表。多步式利润表是将利润的构成进行大项分类，采用上下加减的报告式格式，通过多步骤计算确定本期净利润额的报表形式。编制多步式利润表一般包括以下几个步骤。

第一步，以营业收入为基础，减去营业成本、税金及附加、销售费用、管理费用、研发费用、财务费用，加上其他收益、投资收益（或减去投资损失）、公允价值变动收益（或减去公允价值变动损失）、资产减值损失（或减去资产减值损失）、信用减值损失（或减去信用减值损失）、资产处置收益（或减去资产处置损失），计算出营业利润。

第二步，以营业利润为基础，加上营业外收入，减去营业外支出，计算出利润总额。

第三步，以利润总额为基础，减去所得税费用，即计算出净利润（或净亏损）。

普通股或潜在普通股已公开交易的企业，以及正处于公开发行普通股或潜在普通股过程中的企业，还应在利润表中列示每股收益信息。

第四步，以净利润（或净亏损）为基础，计算出每股收益。

第五步，以净利润（或净亏损）和其他综合收益为基础，计算出综合收益总额。

以上各部分是按其内容构成利润净额的重要性依次排列计算的，由此得出多步式利润表。

（二）利润表的编制方法

利润表各项目均需填列“本期金额”和“上期金额”两栏。其中“上期金额”栏内各项数字，应根据上年该期“利润表”的“本期金额”栏内所列数字填列。“本期金额”栏内各项数字，除“基本每股收益”和“稀释每股收益项目外，应当按照相关科目的发生额分析填列。例如，“营业收入”项目，根据“主营业务收入”和“其他业务收入”科目的发生额分析填列；“营业成本”项目，根据“主营业务成本”和“其他业务成本”科目的发生额分析填列。

（三）利润分配表

利润分配表是利润表的附表，它反映企业利润分配的情况和年末未分配利润的结余情况，要求按年编制。

利润分配表的每一项目应填列“本年实际”“上年实际”两栏。“本年实际”栏根据当年“利润分配”账户及其所属明细分类账户的记录分析填列。“上年实际”栏根据上年利润分配表填列。如果上年度利润分配表的项目名称和内容与本年度利润分配表的不一致，那么应对上年度报表项目的名称和数字按本年度的规定进行调整，之后填入本表“上年实际”栏。

对于企业因以收购本企业股票方式减少注册资本而相应减少的未分配利润，可在本表“年初未分配利润”项目下增设“减：减少注册资本减少的未分配利润”项目反映。

第二篇

模块 11

出纳员岗位实训演练

实训目的

通过库存现金、银行存款业务的实训演练，使学生识别与库存现金、银行存款业务有关的原始凭证，能够准确填制记账凭证，掌握库存现金与银行存款的序时与总分类核算；能够根据经审核无误的会计凭证，逐日逐笔地登记库存现金日记账与银行存款日记账，做到日清日结或日清月结。

实训环境

会计模拟实验室，配有相关原始凭证、记账凭证、现金日记账、实物展台等。

实训要求

（1）办理现金收付和结算业务，准确填制记账凭证。

（2）模拟银行办理银行存款业务，准确填制记账凭证。

（3）登记库存现金日记账与银行存款日记账。

（4）保管库存现金和各种有价证券，保管有关印章、空白收据和空白支票。

（5）掌握备用金的借支与报销。

实训资料

☞**企业概况**

企业名称：吉林省通达有限责任公司

法定代表人：王振通

注册地址：长春市南关区盛世大路 158 号

注册资本：1 000 万元

企业类型：有限责任公司

经营范围及主要产品：中西药品

经营方式：生产销售

企业组织机构：企业下设两个基本生产车间、厂部办公室、供应部、销售部等

开户行：中国农业银行长春双德支行（简称：农行长春双德支行）

账号：07150301040009988

税务登记证号：912201012103698889

纳税人类型：一般纳税人

增值税税率：2018 年 5 月 1 日以前的增值税税率为 17%，2018 年 5 月 1 日至 2019 年 4 月 1 日的增值税税率为 16%，2019 年 4 月 1 日起增值税税率为 13%。

注意：以后各模块的实训演练多以吉林省通达有限责任公司为例，不再详述。

一、现金收付业务实训

业务资料：吉林省通达有限责任公司 2019 年 1 月初“库存现金”账户余额为 25 868 元。在 1 月份发生如下有关现金收付业务。

注意：以下业务涉及的自制原始凭证需要由教师与学生实训时分析填列并加盖印章。

【实训 1】1 月 3 日，从银行提取现金 5 000 元备用。需要填制的相关原始凭证如图表 11-1 所示。

▼图表 11-1　现金支票▼

中国农业银行 （吉）
现金支票存根
XⅣ00021539

附加信息

出票日期　　年　月　日

收款人：

金　额：

用　途：

单位主管　　　会计

中国农业银行　现金支票（吉）　XⅣ00021539

出票日期（大写）　　年　月　日　付款行名称：

收款人：　　　　出票人账号：

本支票付款期限十天

人民币（大写）	亿	千	百	十	万	千	百	十	元	角	分

用途________

上列款项请从

我账户内支付

出票人签章　　　　复核　　　记账

注意 票据的出票日期必须使用汉字大写数字。为防止变造票据的出票日期，在填写月、日时，月为壹、贰和壹拾的，日为壹至玖和壹拾、贰拾、叁拾的，应在其前加“零”；日为拾壹至拾玖的，应在其前加“壹”。

【**实训 2**】1 月 5 日，公司用现金购买一批办公用品。需要填制和取得的相关原始凭证分别如图表 11-2(a)和图表 11-2(b)所示。

▼图表 11-2(a) 相关原始凭证▼

吉林增值税普通发票

吉林省税务局

开票日期：2019 年 1 月 5 日

购买方	名　　称：吉林省通达有限责任公司 纳税人识别号：912201012103698889 地 址、电 话：长春市南关区盛世大路 158 号 开户行及账号：农行长春双德支行 07150301040009988			密码区	（略）		
货物或应税劳务、服务名称	规格型号	单位	数量	单价	金额	税率	税额
*文具*笔记本		本	50	4.00	200.00	3%	6.00
*文具*中性笔		支	50	2.00	100.00	3%	3.00
*文具*账卡		箱	20	55.00	1 100.00	3%	33.00
合　　计					¥1 400.00		¥42.00
价税合计（大写）	⊗壹仟肆佰肆拾贰元整				（小写）¥1 442.00		
销售方	名　　称：长春办公伙伴有限公司 纳税人识别号：912201012103655651 地 址、电 话：长春市朝阳区卫星路 28 号 开户行及账号：建行朝阳区支行 62228252146988747			备注	长春办公伙伴有限公司 912201012103655651 发票专用章		

第二联：发票联 购买方记账凭证

收款人：张丽　　复核：　　开票人：王红红　　销售方：（章）

▼图表 11-2(b)　相关原始凭证▼

现金支出凭单

附件　张　　　　年　月　日　　　　第　号

用款事项：________			
人民币（大写）：________ ¥________			
收款人	主管人员	会计人员	出纳员付讫
（签章）	（签章）	（签章）	（签章）

【实训 3】1 月 9 日，办公室主任张柏炎到天津出差开会 3 天，预借差旅费 3 000 元。需要填制的相关原始凭证如图表 11-3 所示。

▼图表 11-3　相关原始凭证▼

借　款　单

年　月　日

借款单位		
借款理由		
借款金额：人民币（大写）　　¥：________		
单位负责人审批：　　借款人：		
会计主管核批：	付款方式：	出纳：

【实训 4】1 月 12 日，当天清点现金发生长款 200 元（账面余额 26 426 元，实存金额 26 626 元），原因待查。需要填制的相关原始凭证如图表 11-4 所示。

▼图表 11-4　相关原始凭证▼

现金清查盘点报告表

年　月　日

账面余额	实存金额	清查结果		说明
		盘盈	盘亏	
单位负责人处理意见：		备注：		

制表：

【实训 5】1 月 14 日，销售部业务员林之烨报销电话费 876.32 元。需要填制和取得的相关原始凭证分别如图表 11-5(a)和图表 11-5(b)所示。（基础电信服务 2018 年 5 月 1 日前适用 11%的增值税税率，5 月 1 日起适用 10%的增值税税率。自 2019 年 4 月 1 日起适用 9%的增值税税率。）

▼图表 11-5(a)　相关原始凭证▼

费用报销单

年　月　日

经办单位		负责人		经手人		核批人	
付款事由							
人民币（大写）					¥：______		
略							

▼图表 11-5(b)　相关原始凭证▼

吉林增值税专用发票

吉林省税务局

开票日期：2019 年 1 月 14 日

<table>
<tr><td>购买方</td><td colspan="4">名　　称：吉林省通达有限责任公司
纳税人识别号：912201012103698889
地 址、电 话：长春市南关区盛世大路 158 号
开户行及账号：农行长春双德支行 07150301040009988</td><td>密码区</td><td colspan="3">（略）</td></tr>
<tr><td colspan="2">货物或应税劳务、服务名称</td><td>规格型号</td><td>单位</td><td>数量</td><td>单价</td><td>金额</td><td>税率</td><td>税额</td></tr>
<tr><td colspan="2">*电信服务*电话费</td><td></td><td></td><td></td><td></td><td>796.65</td><td>10%</td><td>79.67</td></tr>
<tr><td colspan="2">合　　计</td><td></td><td></td><td></td><td></td><td>¥796.65</td><td></td><td>¥79.67</td></tr>
<tr><td colspan="2">价税合计（大写）</td><td colspan="7">⊗捌佰柒拾陆元叁角贰分　　　　（小写）¥876.32</td></tr>
<tr><td>销售方</td><td colspan="4">名　　称：吉林省电信公司长春分公司
纳税人识别号：912201036583653211
地 址、电 话：长春市朝阳区卫星路 29 号
开户行及账号：建行朝阳区支行 62228252146986699</td><td>备注</td><td colspan="3">通话费周期：
20181214—20190114
月使用费 56.00 元
国内长途费 581.40 元
区内通话费 238.92 元</td></tr>
</table>

吉林省电信公司长春分公司 912201036583653211 发票专用章

收款人：宁婷婷　　复核：　　开票人：华丽　　销售方：（章）

第三联：发票联　购买方记账凭证

【实训 6】1 月 16 日，副经理王平报销招待费 5 346 元。需要填制和取得的相关原始凭证分别如图表 11-6(a)和图表 11-6(b)所示。

▼图表 11-6(a)　相关原始凭证▼

费用报销单

年　月　日

经办单位		负责人		经手人		核批人	
付款事由							
人民币（大写）					¥：______		
略							

▼图表 11-6(b)　相关原始凭证▼

吉林增值税专用发票

吉林省税务局

开票日期：2019 年 1 月 16 日

购买方	名　　称：吉林省通达有限责任公司 纳税人识别号：912201012103698889 地 址、电 话：长春市南关区盛世大路 158 号 开户行及账号：农行长春双德支行 07150301040009988	密码区	（略）

货物或应税劳务、服务名称	规格型号	单位	数量	单价	金额	税率	税额
*餐饮服务*餐饮费		次	1	5 043.40	5 043.40	6%	302.60
合　　计					¥5 043.40		¥302.60
价税合计（大写）	⊗伍仟叁佰肆拾陆元整				（小写）¥5 346.00		

销售方	名　　称：长春市绿园餐饮服务有限公司 纳税人识别号：110104567341213001 地 址、电 话：长春市绿园区西环城路 123 号 开户行及账号：建行长春绿园支行 6222696501288061298	备注	长春市绿园餐饮服务有限公司 110104567341213001 发票专用章

收款人：李华　　　复核：　　　开票人：陈新　　　销售方：（章）

第三联：发票联　购买方记账凭证

【实训 7】1 月 18 日，张柏炎报销差旅费 3 456 元（其中，车船费 1 570 元；资料复印、邮寄费等 1 211 元；住宿 3 天，每天住宿费 200 元；伙食补助每天 15 元，按 5 天补助）。需要填制的相关原始凭证如图表 11-7(a)、图表 11-7(b)所示。

▼图表 11-7(a)　相关原始凭证▼

差旅费报销单

原派出单位　　　　　　　　　　年　月　日　　　　　　单据张数　　张（略）

事　　由　　　　　　　　　　　姓名　　　　职务　　　　　　　　预借款

起止日期				起止地点	车船费	办公邮电	住勤费			途中标准	伙食补助		合计
月	日	月	日				标准	天数	金额		天数	金额	
合　计													
人民币（大写）							应退（补）：						

派出单位领导：　　　　　财务主管：　　　　　复核：　　　　　出纳：

▼图表 11-7(b)　相关原始凭证▼

现金支出凭单

附件　张　　　　　　　　　　　年　月　日　　　　　　　　　　第　号

用款

事项：________________________________

人民币

（大写）：______________________ ¥__________

收款人　　　　主 管　　　　会　计　　　　出纳员

　　　　　　　人 员　　　　人　员　　　　付　讫

（签章）　　　（签章）　　　（签章）　　　（签章）

【实训 8】1 月 18 日，销售给长春医药有限责任公司产品，收到现金 2 641.32 元。填制的增值税专用发票和其他凭证如图表 11-8(a)和图表 11-8(b)所示。

▼图表 11-8(a)　相关原始凭证▼

吉林增值税专用发票

此联不作报销、扣税凭证使用

开票日期：2019 年 1 月 18 日

购买方	名　　称：长春医药有限责任公司 纳税人识别号：340134558838896 地 址、电 话：长春市北环城路 104 号 开户行及账号：中行长春支行 000647824398				密码区	（略）		
货物或应税劳务、服务名称	规格型号	单位	数量	单价	金额	税率	税额	
*中成药*安神口服液		盒	115	19.80	2 277.00	16%	364.32	
合　　计					¥2 277.00		¥364.32	
价税合计（大写）	⊗贰仟陆佰肆拾壹元叁角贰分				（小写）¥2641.32			
销售方	名　　称：吉林省通达有限责任公司 纳税人识别号：912201012103698889 地 址、电 话：长春市南关区盛世大路 158 号 开户行及账号：农行长春双德支行 07150301040009988				备注	吉林省通达有限责任公司 912201012103698889 发票专用章		

第一联：记账联　销售方记账凭证

收款人：刘颖　　　复核：　　　开票人：杨华　　　销售方：（章）

▼图表 11-8(b)　相关原始凭证▼

收 款 收 据

年　月　日　　　　字N01036569

交款单位________________收款方式________________

人民币（大写）________________¥__________

收款事由________________________________

收款单位________________________________

第二联　记账联

单位盖章　　财务主管　　记账　　出纳　　审核

【**实训 9**】1 月 18 日，将销货款 2 641.32 元（100 元的 20 张，50 元的 12 张，10 元的 3 张，5 元的 2 张，1 元的 1 张，2 角纸币 1 张，1 角的硬币 1 个，1 分的硬币 2 个）存入银行。需要填制原始凭证如图表 11-9 所示。

▼图表 11-9　相关原始凭证▼

中 国 农 业 银 行

券种明细

券种	张数
壹佰元	
伍拾元	
拾　元	
伍　元	
贰　元	
壹　元	
伍　角	
贰　角	
壹　角	
其　他	
合　计	

现 金 交 款 单

缴款日期　　年　月　日

本次交款情况记录	
多款	已退回
少款	已补收

交款单位	全　称			账　号									
	开户银行			款项来源									
人民币（大写）				百	十	万	千	百	十	元	角	分	
现金收讫		出纳复核员 会计复核员	出纳收款员 记　账　员										

第二联　由银行盖章后退回单位

【**实训 10**】1 月 20 日，出售废纸给长春市造纸厂，收到现金 560 元。需要填制的原始凭证如图表 11-10 所示。

▼图表 11-10　相关原始凭证▼

吉林省经营性结算
统一收据

收到：　　　　　　　　　　　　年　月　日

摘　要	金　额									
	千	百	十	万	千	百	十	元	角	分
合计人民币（大写）										
备注										

收款单位（财务公章）　　会计：　　收款人：　　经手人：

【实训 11】 1 月 21 日，行政科用现金购买办公用品。需要填制和取得的相关原始凭证分别如图表 11-11(a)和图表 11-11(b)所示。

▼图表 11-11(a)　相关原始凭证▼

吉林增值税普通发票

开票日期：2019 年 1 月 21 日

购买方	名　　称：吉林省通达有限责任公司 纳税人识别号：912201012103698889 地 址、电 话：长春市南关区盛世大路 158 号 开户行及账号：农行长春双德支行 07150301040009988	密码区	（略）

货物或应税劳务、服务名称	规格型号	单位	数量	单价	金额	税率	税额
*纸质品*打印纸	A4	箱	5	240.00	1 200.00	3%	36.00
*计算机配套产品*墨盒		盒	5	220.00	1 100.00	3%	33.00
合　　计					¥2 300.00		¥69.00
价税合计（大写）	⊗贰仟叁佰陆拾玖元整				（小写）¥2 369.00		

销售方	名　　称：长春办公伙伴有限公司 纳税人识别号：912201012103655651 地 址、电 话：长春市朝阳区卫星路 28 号 开户行及账号：建行朝阳区支行 62228252146988747	备注	长春办公伙伴有限公司 912201012103655651 发票专用章

收款人：张丽　　　复核：　　　开票人：王红红　　　销售方：（章）

第三联：发票联　购买方记账凭证

▼图表 11-11(b)　相关原始凭证▼

现金支出凭单

附件　张　　　　　　年　月　日　　　　　　第　　号

用款事项：________________			
人民币（大写）：________________ ¥________			
收款人	主管人员	会计人员	出纳员付讫
（签章）	（签章）	（签章）	（签章）

【实训 12】1 月 22 日，收到后勤处职工依明利违反公司纪律交来的罚款 500 元。需要填制和取得的相关原始凭证如图表 11-12 所示。

▼图表 11-12 相关原始凭证▼

收 款 收 据

年 月 日 字N01036569

交款单位______________	收款方式______________
人民币（大写）______________	¥__________
收款事由______________	
收款单位______________	

第二联 记账联

单位盖章 财务主管 记账 出纳 审核

【实训 13】1 月 23 日，张昕报销业务招待费 2 685 元。需要填制和取得的相关原始凭证分别如图表 11-13(a)和图表 11-13(b)所示。

▼图表 11-13(a) 相关原始凭证▼

吉林增值税专用发票

（印章：全国统一发票监制章 吉林省税务局）

开票日期：2019 年 1 月 23 日

购买方	名称：吉林省通达有限责任公司 纳税人识别号：912201012103698889 地址、电话：长春市南关区盛世大路 158 号 开户行及账号：农行长春双德支行 07150301040009988				密码区	（略）	
货物或应税劳务、服务名称	规格型号	单位	数量	单价	金额	税率	税额
*餐饮服务*餐饮费		次	1	2 533.02	2 533.02	6%	151.98
合计					¥2 533.02		¥151.98
价税合计（大写）	⊗贰仟陆佰捌拾伍元整				（小写）¥2 685.00		
销售方	名称：长春市绿园友谊宾馆 纳税人识别号：912201016451211148 地址、电话：长春市绿园区万福街 43 号 开户行及账号：建行长春绿园支行 6222365017288456078				备注		

第三联：发票联 购买方记账凭证

收款人：杨丽丽 复核： 开票人：孙兴兴 销售方：（章）

（印章：长春市绿园友谊宾馆 912201016451211148 发票专用章）

▼图表 11-13(b) 相关原始凭证▼

费用报销单

年 月 日

经办单位		负责人		经手人		核批人	
付款事由							
人民币（大写）					¥: ________		
略							

【实训 14】1 月 24 日，支付职工培训费。需要填制和取得的相关原始凭证分别如图表 11-14(a)和图表 11-14(b)所示。

▼图表 11-14(a) 相关原始凭证▼

吉林增值税专用发票

开票日期：2019 年 1 月 24 日

购买方	名 称：吉林省通达有限责任公司 纳税人识别号：912201012103698889 地 址、电 话：长春市南关区盛世大路 158 号 开户行及账号：农行长春双德支行 07150301040009988	密码区	（略）				
货物或应税劳务、服务名称	规格型号	单位	数量	单价	金额	税率	税额
*生活服务*培训费		次	1	4 380.00	4 380.00	6%	262.80
合 计					¥4 380.00		¥262.80
价税合计（大写）	⊗肆仟陆佰肆拾贰元捌角整				（小写）¥4 642.80		
销售方	名 称：长春市人力资源和社会保障局 纳税人识别号：912201016451215566 地 址、电 话：长春市西民主大街 809 号 开户行及账号：建行长春绿园支行 6222365017288456077	备注	长春市人力资源和社会保障局 912201016451215566 发票专用章				

收款人：王平 复核： 开票人：于立红 销售方：（章）

第三联：发票联 购买方记账凭证

▼图表 11-14(b)　相关原始凭证▼

费用报销单

年　月　日

经办单位		负责人		经手人		核批人	
付款事由							
人民币（大写）				¥：			
略							

【实训 15】1 月 25 日，给予行政科职工徐云、刘彬生活困难补助各 3 000 元。需要填制的相关原始凭证如图表 11-15 所示。

▼图表 11-15　相关原始凭证▼

领　款　单

年　月　日

领款部门			用途				
姓　名							
领款金额	人民币（大写）						
单位领导批示		财会部门领导意见		领款部门领导意见		¥	
						领款人签收	年 月 日

会计主管　　　　　　　　记账　　　　　　　　出纳

【实训 16】1 月 28 日，从银行提取现金 293 979 元，用于发放工资。需要填制和取得的相关原始凭证分别如图表 11-16(a)和图表 11-16(b)所示。

▼图表 11-16(a)　相关原始凭证▼

中国农业银行（吉）
现金支票存根
XⅣ00021540
附加信息＿＿＿＿＿＿
＿＿＿＿＿＿
＿＿＿＿＿＿
＿＿＿＿＿＿
出票日期　　年　月　日
收款人：
金　额：
用　途：
单位主管　　会计

中国农业银行　现金支票（吉）　XⅣ0021540

出票日期（大写）　年　月　日　付款行名称：
收款人：　出票人账号：

本支票付款期限十天

人民币（大写）	亿	千	百	十	万	千	百	十	元	角	分

用途＿＿＿＿
上列款项请从
我账户内支付
出票人签章　　复核　　记账

▼图表 11-16(b)　相关原始凭证▼

工资结算汇总表

2019 年 1 月 28 日　　单位：元

车间部门	人员类别	应付职工薪酬					代扣款项			实发工资
		标准工资	各种奖金	各种津贴	缺勤扣款	合计	三险一金	个人所得税	合计	
基本生产车间	生产工人	169 000	16 000	8 700	3 200	190 500	37 180	4 200	41 380	149 120
	管理人员	26 000	3 000	1 600	750	29 850	5 720	512.2	6 232.2	23 617.8
辅助生产车间	生产工人	19 600	1 250	860	140	21 570	4 312	126.8	4 438.8	17 131.2
	管理人员	8 500	700	300		9 500	1 870		1 870	7 630
行政管理部门	管理人员	45 800	4 000	1 980	380	51 400	10 076	625	10 701	40 699
福利部门	福利人员	5 900	800	200		6 900	1 298		1 298	5 602
销售部门	销售人员	46 000	9 000	1 680	280	56 400	10 120	1 015	11 135	45 265
长病假人员		6 300				6 300	1 386		1 386	4 914
合　计		327 100	34 750	15 320	4 750	372 420	71 962	6 479	78 441	293 979

主管：刘宜　　复核：　　制表：徐凤亚

注：本公司从职工个人工资中代扣的养老保险费为标准工资的 8%，医疗保险费为标准工资的 8%，失业保险费为标准工资的 1%，住房公积金为标准工资的 5%。

二、银行存款业务实训

业务资料：吉林省通达有限责任公司 2019 年 1 月初“银行存款”账户余额为 1 965 740 元。1 月份发生如下有关银行存款业务。

【实训 17】 1 月 3 日，从银行提取现金 5 000 元备用。需要取得的相关原始凭证如图表 11-17 所示。

▼图表 11-17　相关原始凭证▼

中国农业银行（吉）
现金支票存根
XⅣ00021539

附加信息

出票日期　2019 年 1 月 3 日

收款人：	吉林省通达有限责任公司
金　额：	¥*5 000.00*
用　途：	备用

单位主管　　　　会计

【实训 18】 1 月 5 日，从长春市华地有限责任公司购入药品原料并验收入库（材料放于 2 号仓库）。本公司于当日开出转账支票支付货款。需要填制和取得的相关原始凭证如图表 11-18(a)、图表 11-18(b)和图表 11-18(c)所示。

▼图表 11-18(a)　相关原始凭证▼

收　料　单

材料科目：　　　　　　　　　　　　　　供应单位：

材料类别：　　　　　　　　　　　　　　发票号码：

年　　月　　日　　　　　　　　　　　　收料仓库：

材料名称	规格	计量单位	数量		实际成本					
			应收	实收	买价		运杂费	其他	合计	单位成本
					单价	金额				
合　计										

记账：　　　　　　　　　　收料：　　　　　　　　　　制单：

▼图表 11-18(b) 相关原始凭证▼

吉林增值税专用发票

吉林省税务局

开票日期：2019 年 1 月 5 日

购买方	名 称：吉林省通达有限责任公司 纳税人识别号：912201012103698889 地 址、电 话：长春市南关区盛世大路 158 号 开户行及账号：农行长春双德支行 07150301040009988				密码区	（略）	
货物或应税劳务、服务名称	规格型号	单位	数量	单价	金额	税率	税额
*中草药材*五味子		千克	1 800	500.00	900 000.00	16%	144 000.00
合 计					¥900 000.00		¥144 000.00
价税合计（大写）	⊗壹佰零肆万肆仟元整				（小写）¥1 044 000.00		
销售方	名 称：长春市华地有限责任公司 纳税人识别号：912201013245893654 5 地 址、电 话：长春市临河街 56 号 开户行及账号：中行长春支行 07024242433526565				备注		

长春市华地有限责任公司
912201013245893654 5
发票专用章

收款人：曲贺新 复核： 开票人：高阳 销售方：（章）

第三联：发票联 购买方记账凭证

▼图表 11-18(c) 相关原始凭证▼

中国农业银行（吉）转账支票存根

XⅣ00012301

附加信息________

出票日期 年 月 日

收款人：	
金 额：	
用 途：	

单位主管 会计

中国农业银行 转账支票（吉） XⅣ00012301

出票日期（大写） 年 月 日 付款行名称：

收款人： 出票人账号：

本支票付款期限十天

人民币（大写）	亿	千	百	十	万	千	百	十	元	角	分

用途________

上列款项请从

我账户内支付

出票人签章 复核 记账

【实训 19】1 月 6 日，公司以银行存款支付上月税费。需要取得的相关原始凭证如图表 11-19(a)和图表 11-19(b)所示。

▼图表 11-19(a)　相关原始凭证▼

电子缴库专用缴款书

2019 年 1 月 6 日　　（2019）吉地电库：NO1120435

☑已申报　　申报序号：250364

纳税人计算机代码		征收机关代码	
纳税人名称	吉林省通达有限责任公司	征收机关名称	
付款人名称	吉林省通达有限责任公司	收款国库名称	
付款人开户	中国农业银行	国库清算行	
银行名称	长春双德支行		
付款人账户	07150301040009988		
纳税项目代码	课税数量	计税金额	实缴税额
增值税		716 500	91 326.50
金额合计（大写）：玖万壹仟叁佰贰拾陆元伍角整			¥91 326.50
财务专用章	税务机关 征税专用章	银行 记账员　盖章	备注：

吉林省通达有限责任公司 财务专用章
长春市朝阳区税务局 征税专用章
中国农业银行长春市双德支行 2019.01.06 转讫
模拟

▼图表 11-19(b)　相关原始凭证▼

电子缴库专用缴款书

2019 年 1 月 6 日　　（2019）吉地电库：NO1201036

☑已申报　　申报序号：250365

纳税人计算机代码		征收机关代码	
纳税人名称	吉林省通达有限责任公司	征收机关名称	
付款人名称	吉林省通达有限责任公司	收款国库名称	
付款人开户	中国农业银行	国库清算行	
银行名称	长春双德支行		
付款人账户	07150301040009988		
纳税项目代码	课税数量	计税金额	实缴税额
城市维护建设税 100200		91 326.50	6 392.855
教育费附加　700300		91 326.50	2 739.795
地方教育费附加		91 326.50	1 826.53
金额合计（大写）：壹万零玖佰伍拾玖元壹角捌分			¥10 959.18
财务专用章	税务机关 征税专用章 （章）	银行 记账员　盖章	备注：

吉林省通达有限责任公司 财务专用章
长春市朝阳区税务局
中国农业银行长春市双德支行 2019.01.06 转讫
模拟

【实训 20】1 月 10 日，从银行取得一年期贷款。需要取得的相关原始凭证如图表 11-20 所示。

▼图表 11-20　相关原始凭证▼

贷款凭证（3）（收账通知）

2019 年 1 月 10 日

<table>
<tr><td rowspan="2">贷款单位</td><td rowspan="2">吉林省通达有限责任公司</td><td rowspan="2">种类</td><td rowspan="2">短期</td><td rowspan="2">贷款户账号</td><td colspan="10">中国农业银行长春市双德支行</td></tr>
<tr><td colspan="10">07150301040009988</td></tr>
<tr><td rowspan="2">金额</td><td rowspan="2" colspan="4">人民币（大写）伍拾万元整</td><td>千</td><td>百</td><td>十</td><td>万</td><td>千</td><td>百</td><td>十</td><td>元</td><td>角</td><td>分</td></tr>
<tr><td></td><td>¥</td><td>5</td><td>0</td><td>0</td><td>0</td><td>0</td><td>0</td><td>0</td><td>0</td></tr>
<tr><td rowspan="2">用途</td><td rowspan="2">流动资金周转借款</td><td colspan="2">单位申请期限</td><td colspan="11">自 2019 年 1 月 10 日至 2019 年 1 月 10 日</td></tr>
<tr><td colspan="2">银行核定期限</td><td colspan="11">自 2019 年 1 月 10 日至 2019 年 1 月 10 日</td></tr>
<tr><td colspan="4">上述贷款已核准发放，并已划入你单位账号。
月利率为 2.08‰
中国农业银行长春市双德支行 2019.01.10 转 模拟 讫
2019 年 1 月 10 日
银行签章</td><td colspan="11">单位会计分录
收入
付出
复核　　记账
主管　　会计</td></tr>
</table>

【实训 21】1 月 16 日，公司收到广州市云贵医药公司（开户银行为中国工商银行广州市富康分理处，银行账号为 101501278088882010）一张（略）转账支票（支票号码为 0569），归还前欠货款 351 000 元。需要填制的相关原始凭证如图表 11-21 所示。

▼图表 11-21　相关原始凭证▼

中国农业银行进 账 单（收账通知）　3

年　月　日

<table>
<tr><td rowspan="3">出票人</td><td>全　称</td><td colspan="2"></td><td rowspan="3">收款人</td><td>全　称</td><td colspan="11"></td></tr>
<tr><td>账　号</td><td colspan="2"></td><td>账　号</td><td colspan="11"></td></tr>
<tr><td>开户银行</td><td colspan="2"></td><td>开户银行</td><td colspan="11"></td></tr>
<tr><td rowspan="2">金额</td><td colspan="5" rowspan="2">人民币
（大写）</td><td>亿</td><td>千</td><td>百</td><td>十</td><td>万</td><td>千</td><td>百</td><td>十</td><td>元</td><td>角</td><td>分</td></tr>
<tr><td></td><td></td><td></td><td></td><td></td><td></td><td></td><td></td><td></td><td></td><td></td></tr>
<tr><td colspan="2">票据种类</td><td></td><td>票据张数</td><td colspan="13" rowspan="3">中国农业银行长春市双德支行 2019.01.16 转 模拟 讫
收款人开户银行签章</td></tr>
<tr><td colspan="2">票据号码</td><td colspan="2"></td></tr>
<tr><td colspan="4">复核　　记账</td></tr>
</table>

此联是收款人开户银行交给收款人的收账通知

【实训 22】1 月 17 日，预收深圳市光大医药公司（开户银行为中国工商银行深圳市玉泉分理处，银行账号为 201501445688012010）一张（略）转账支票，支付货款 600 000 元。需要填制的相关原始凭证如图表 11-22 所示。

▼图表 11-22　相关原始凭证▼

中国农业银行进　账　单（收账通知）　　3

年　月　日

出票人	全　称		收款人	全　称	
	账　号			账　号	
	开户银行			开户银行	

金额	人民币（大写）	亿	千	百	十	万	千	百	十	元	角	分

票据种类		票据张数		
票据号码				
复核　记账				收款人开户银行签章

中国农业银行长春市双德支行 2019.01.17 转 模拟 讫

此联是收款人开户银行交给收款人的收账通知

【实训 23】1 月 20 日，公司购计算机（规格为奔III）两台，开出转账支票支付货款。需要取得和填制的相关原始凭证如图表 11-23(a)、图表 11-23(b)和图表 11-23(c)所示。

▼图表 11-23(a)　相关原始凭证▼

中国农业银行（吉）
转账支票存根
XⅣ00012302
附加信息
出票日期　年　月　日

收款人：
金　额：
用　途：

单位主管　　会计

中国农业银行　转账支票（吉）　XⅣ00012302

出票日期（大写）　年　月　日　付款行名称：
收款人：　出票人账号：

本支票付款期限十天

人民币（大写）	亿	十	百	十	万	千	百	十	元	角	分

用途________
上列款项请从
我账户内支付
出票人签章　　复核　　记账

▼图表 11-23(b)　相关原始凭证▼

吉林增值税专用发票

吉林省税务局

开票日期：2019 年 1 月 20 日

购买方	名　　称：吉林省通达有限责任公司 纳税人识别号：912201012103698889 地 址、电 话：长春市南关区盛世大路 158 号 开户行及账号：农行长春双德支行 07150301040009988	密码区	（略）

货物或应税劳务、服务名称	规格型号	单位	数量	单价	金额	税率	税额
*电子计算机*清华同方电脑		台	2	4 680.00	9 360.00	16%	1 497.60
合　　计					¥9 360.00		¥1 497.60
价税合计（大写）	⊗壹万零捌佰伍拾柒元陆角整				（小写）¥10 857.60		

销售方	名　　称：长春市峰华科技有限公司 纳税人识别号：912201013242610954 地 址、电 话：长春市临河街 56 号 开户行及账号：中行长春支行 07024242433581079	备注	长春市峰华科技有限公司 912201013242610954 发票专用章

收款人：陈立芳　　　复核：　　　开票人：刘坚　　　销售方：（章）

第三联：发票联　购买方记账凭证

▼图表 11-23(c)　相关原始凭证▼

固定资产入库单

年　月　日　　　　　　　　　　字第　号

编号	名称	规格	单位	应收数量	实收数量	单价	金额									供应单位名称
							百	十	万	千	百	十	元	角	分	

会计　　　仓库主管　　　保管　　　验收　　　采购

【实训 24】1 月 20 日，公司向沈阳市大明医药公司（开户银行为中国建设银行沈阳市复兴分理处，地址为沈阳市和平区复兴路 28 号，账号为 20236897112665 2010，纳税人识别号为 912101012334558838）销售通络片 200 箱，每箱为 300 元，共计 60 000 元，税率为 16%，增值税为 9 600 元，收到沈阳市大明医药公司以信汇方式支付的货款 69 600 元。需要填制和取得的相关原始凭证分别如图表 11-24(a)和图表 11-24(b)所示。

▼图表 11-24(a) 相关原始凭证▼

吉林增值税专用发票

此联不作报销、扣税凭证使用

开票日期： 年 月 日

购买方	名 称： 纳税人识别号： 地 址、电 话： 开户行及账号：				密码区	（略）	
货物或应税劳务、服务名称	规格型号	单位	数量	单价	金额	税率	税额
合 计							
价税合计（大写）				（小写）¥			
销售方	名 称： 纳税人识别号： 地 址、电 话： 开户行及账号：				备注	吉林省通达有限责任公司 912201012103698889 发票专用章	

收款人： 复核： 开票人： 销售方：（章）

第一联：记账联 销售方记账凭证

▼图表 11-24(b) 相关原始凭证▼

中国农业银行信汇凭证（收账通知） 4

委托日期 2019 年 1 月 20 日

汇款人	全 称	沈阳市大明医药公司	收款人	全 称	吉林省通达有限责任公司
	账 号	202368971126652010		账 号	07150301040009988
	汇出地点	辽宁省沈阳市		汇入地点	吉林省长春市
汇出行名称		中国建设银行沈阳市复兴分理处	汇入行名称		中国农业银行长春市双德支行
金额	人民币（大写）	陆万玖仟陆佰元整		亿 千 百 十 万 千 百 十 元 角 分	¥ 6 9 6 0 0 0 0
款项已收入收款人账户。 中国农业银行长春市双德支行 2019.01.20 转 模拟 讫 汇入行盖章			支付密码		
			附加信息及用途：支付货款 复核 记账		

此联是收款行给收款人的收账通知

【实训 25】1 月 21 日，向广州云翔公司提供一项专利技术使用权，协商价为 436 000 元，收到一张转账支票作为转让款，按 6%计算增值税。需要取得和填制的相关原始凭证如图表 11-25(a)和图表 11-25(b)所示。

▼图表 11-25(a)　相关原始凭证▼

吉林增值税专用发票

此联不作报销、扣税凭证使用

开票日期：2019 年 1 月 21 日

购买方	名　　称：广州云翔公司 纳税人识别号：914401236548003647 地 址、电 话：广州市天河区逢源大街 99 号 开户行及账号：工行广州天河支行 622013365410269547				密码区	（略）	
货物或应税劳务、服务名称	规格型号	单位	数量	单价	金额	税率	税额
*无形资产*技术转让		项	1	436 000.00	436 000.00	6%	26 160.00
合　　计					¥436 000.00		¥26 160.00
价税合计（大写）	⊗肆拾陆万贰仟壹佰陆拾元整				（小写）¥462 160.00		
销售方	名　　称：吉林省通达有限责任公司 纳税人识别号：912201012103698889 地 址、电 话：长春市南关区盛世大路 158 号 开户行及账号：农行长春双德支行 07150301040009988				备注	吉林省通达有限责任公司 912201012103698889 发票专用章	

收款人：刘颖　　复核：　　开票人：杨华　　销售方：（章）

第一联：记账联　销售方记账凭证

▼图表 11-25(b)　相关原始凭证▼

中国农业银行进 账 单（收账通知）　3

年　月　日

出票人	全　称		收款人	全　称	
	账　号			账　号	
	开户银行			开户银行	
金额	人民币（大写）				亿 千 百 十 万 千 百 十 元 角 分
票据种类		票据张数			
票据号码					
复核　记账			中国农业银行长春市双德支行 2019.01.21 转 模拟 讫	收款人开户银行签章	

此联是收款人开户银行交给收款人的收账通知

【实训 26】1 月 22 日，本公司捐赠长春市阳光福利院 50 000 元。需要取得的相关原始凭证如图表 11-26 所示。

▼图表 11-26　相关原始凭证▼

吉林省行政事业单位非经营收入发票
发　票　联

顾客名称：吉林省通达有限责任公司　　吉（93122）

地　　址：长春市南关区盛世大路 158 号　　2019 年 1 月 22 日填发　　No.067289

项　目	单位	数量	收费标准	超过拾万元无效	万	千	百	十	元	角	分	备注
捐款					5	0	0	0	0	0	0	
合　计 人民币	（大写）⊗拾伍万零仟零佰零拾零元零角零分				5	0	0	0	0	0	0	

开票人：张义　　收款人：　　开票单位及地址（盖章）

【实训 27】1 月 25 日，向大连市成新医药公司（纳税人识别号为 666334558845237，地址为大连中山路 35 号，开户行为工行大连支行，账号为 003544424300）销售药品通络片 1 200 箱，每箱为 300 元，共计 360 000 元，增值税为 57 600 元，收到价款为一张转账支票（票据号码为 8506），填写进账单。需要填制的相关原始凭证如图表 11-27(a)和图表 11-27(b)所示。

【实训 28】1 月 26 日，收到被投资单位长春市亚细亚商场（开户银行为建行长春支行，账号为 000456210378）分来股利 250 000 元的一张转账支票（票据号码为 110）。需要填制的相关原始凭证如图表 11-28 所示。

【实训 29】1 月 26 日，从河北省安国东方药城购入单参 12 500 千克，单价为 1.8 元，共计 22 500 元，增值税为 3 600 元；运费为 1 380 元，增值税为 138 元。款项均委托银行支付给对方银行账户，材料验收入库。需要取得和填制的相关原始凭证如图表 11-29(a)、图表 11-29(b)、图表 11-29(c)和图表 11-29(d)所示。（交通运输服务 2018 年 5 月 1 日前适用 11%的增值税税率，5 月 1 日起适用 10%的增值税税率。自 2019 年 4 月 1 日起适用 9%的增值税税率。）

▼图表 11-27(a)　相关原始凭证▼

吉林增值税专用发票

吉林省税务局

此联不作报销、扣税凭证使用

开票日期：　　年　月　日

购买方	名　　称： 纳税人识别号： 地 址、电 话： 开户行及账号：				密码区	（略）		
货物或应税劳务、服务名称	规格型号	单位	数量	单价	金额	税率	税额	
合　　计								
价税合计（大写）				（小写）¥				
销售方	名　　称： 纳税人识别号： 地 址、电 话： 开户行及账号：				备注	吉林省通达有限责任公司 912201012103698889 发票专用章		

收款人：　　复核：　　开票人：　　销售方：（章）

第一联：记账联　销售方记账凭证

▼图表 11-27(b)　相关原始凭证▼

中国农业银行进 账 单（收账通知）　3

年　月　日

出票人	全　称		收款人	全　称	
	账　号			账　号	
	开户银行			开户银行	
金额	人民币（大写）				亿 千 百 十 万 千 百 十 元 角 分
票据种类		票据张数			
票据号码					
复核　记账			中国农业银行长春市双德支行 2019.01.25 转 模拟 讫		收款人开户银行签章

此联是收款人开户银行交给收款人的收账通知

▼图表 11-28 相关原始凭证▼

中国农业银行进 账 单（收账通知） 3

年 月 日

出票人	全 称		收款人	全 称	
	账 号			账 号	
	开户银行			开户银行	
金额	人民币（大写）				亿 千 百 十 万 千 百 十 元 角 分
票据种类		票据张数			
票据号码					
复核 记账				收款人开户银行签章	

中国农业银行长春市双德支行 2019.01.26 转 模拟 讫

此联是收款人开户银行交给收款人的收账通知

▼图表 11-29(a) 相关原始凭证▼

河北增值税专用发票

河北省税务局

开票日期：2019 年 1 月 26 日

购买方	名 称：吉林省通达有限责任公司 纳税人识别号：912201012103698889 地 址、电 话：长春市南关区盛世大路 158 号 开户行及账号：农行长春双德支行 07150301040009988			密码区	（略）		
货物或应税劳务、服务名称	规格型号	单位	数量	单价	金额	税率	税额
*中草药材*单参		千克	12 500	1.80	22 500.00	16%	3 600.00
合 计					¥22 500.00		¥3 600.00
价税合计（大写）	⊗贰万陆仟壹佰元整				（小写）¥26 100.00		
销售方	名 称：河北省安国东方药城 纳税人识别号：911306201436654739 地 址、电 话：保定市安国市东方药城大街 56 号 开户行及账号：中行高新支行 10066642433501236			备注	河北省安国东方药城 911306201436654739 发票专用章		

收款人：夏天非 复核： 开票人：华宇 销售方：（章）

第三联：发票联 购买方记账凭证

▼图表 11-29(b)　相关原始凭证▼

河北增值税专用发票

开票日期：2019 年 1 月 26 日

<table>
<tr><td rowspan="4">购
买
方</td><td colspan="4">名　　　称：吉林省通达有限责任公司</td><td rowspan="4">密
码
区</td><td colspan="3" rowspan="4">（略）</td></tr>
<tr><td colspan="4">纳税人识别号：912201012103698889</td></tr>
<tr><td colspan="4">地 址、电 话：长春市南关区盛世大路 158 号</td></tr>
<tr><td colspan="4">开户行及账号：农行长春双德支行 07150301040009988</td></tr>
<tr><td>货物或应税劳务、服务名称</td><td>规格型号</td><td>单位</td><td>数量</td><td>单价</td><td>金额</td><td>税率</td><td>税额</td></tr>
<tr><td>*运输服务*运输费</td><td></td><td>次</td><td>1</td><td>1 380.00</td><td>1 380.00</td><td>10%</td><td>138.00</td></tr>
<tr><td>合　　　计</td><td></td><td></td><td></td><td></td><td>¥1 380.00</td><td></td><td>¥138.00</td></tr>
<tr><td>价税合计（大写）</td><td colspan="7">⊗壹仟伍佰壹拾捌元整　　　　（小写）¥1 518.00</td></tr>
<tr><td rowspan="4">销
售
方</td><td colspan="4">名　　　称：安国市货物运输公司</td><td rowspan="4">备
注</td><td colspan="3" rowspan="4">安国市货物运输公司
911306362014654786
发票专用章</td></tr>
<tr><td colspan="4">纳税人识别号：911306362014654786</td></tr>
<tr><td colspan="4">地 址、电 话：保定市安国市六九区新发路 56 号</td></tr>
<tr><td colspan="4">开户行及账号：中行高新支行 10066642433501238</td></tr>
</table>

收款人：赵康　　　复核：　　　开票人：尚立国　　　销售方：（章）

第三联：发票联　购买方记账凭证

▼图表 11-29(c)　相关原始凭证▼

收　料　单

材料科目：　　　　　　　　　　　　　　　　供应单位：

材料类别：　　　　　　　　　　　　　　　　发票号码：

年　　月　　日　　　　　　　　收料仓库：

<table>
<tr><td rowspan="3">材料名称</td><td rowspan="3">规格</td><td rowspan="3">计量单位</td><td colspan="2">数量</td><td colspan="6">实际成本</td></tr>
<tr><td rowspan="2">应收</td><td rowspan="2">实收</td><td colspan="2">买价</td><td rowspan="2">运杂费</td><td rowspan="2">其他</td><td rowspan="2">合计</td><td rowspan="2">单位成本</td></tr>
<tr><td>单价</td><td>金额</td></tr>
<tr><td></td><td></td><td></td><td></td><td></td><td></td><td></td><td></td><td></td><td></td><td></td></tr>
<tr><td></td><td></td><td></td><td></td><td></td><td></td><td></td><td></td><td></td><td></td><td></td></tr>
<tr><td>合　计</td><td></td><td></td><td></td><td></td><td></td><td></td><td></td><td></td><td></td><td></td></tr>
</table>

记账：　　　　　　　　收料：　　　　　　　　制单：

▼图表 11-29(d)　相关原始凭证▼

托收凭证（付款通知）　　5

委托日期 2019 年 1 月 26 日　　付款期限 2019 年 1 月 26 日

业务类型	委托收款（☑ 邮划、☐ 电划）		托收承付（☐ 邮划、☐ 电划）			
付款人	全　称	吉林省通达有限责任公司	收款人	全　称	河北省安国东方药城	
	账　号	07150301040009988		账　号	1006664243350123 6	
	地　址	吉林省长春市　开户行　农行长春双德支行		地　址	河北省保定市安国市　开户行　中行高新支行	
金额	人民币（大写）贰万柒仟陆佰壹拾捌元整					
款项内容	销货款及运费	托收凭据名称	增值税发票等	附寄单证张数	2	
商品发运情况		合同名称号码				

亿	千	百	十	万	千	百	十	元	角	分
			¥	2	7	6	1	8	0	0

备注：

复核　　记账

中国农业银行长春市双德支行 2019.01.26 转 模拟 讫

付款人开户银行签章

2019 年 1 月 26 日

付款人注意：

1.根据支付结算办法，上列委托收款（托收承付）款项在付款期限内未提出拒付，即视为同意付款，以此代付款通知。

2.如需提出全部或部分拒付，应在规定期限内，将拒付理由书并附债务证明退交开户银行。

此联是付款人开户银行给付款人的按期付款通知

【**实训 30**】1 月 28 日，通过电汇方式预付给西安市家乐公司（开户银行为建行西安市大雁塔支行，账号为 008759871287）300 000 元货款。需要填制的相关原始凭证如图表 11-30 所示。

▼图表 11-30　相关原始凭证▼

中国农业银行电汇凭证（回　单）　　1

委托日期　　年　月　日

汇款人	全　称		收款人	全　称	
	账　号			账　号	
	汇出地点	省　　市		汇入地点	省　　市
汇出行名称			汇入行名称		
金额	人民币（大写）				
			支付密码		
			附加信息及用途：		

亿	千	百	十	万	千	百	十	元	角	分

中国农业银行长春市双德支行 2019.01.28 转 模拟 讫

汇出行盖章

复核　　记账

此联是汇出行给汇款人的回单

【实训 31】1 月 28 日，收到沈阳市万乐医药公司汇入的结算款 117 000 元。需要取得的相关原始凭证如图表 11-31 所示。

▼图表 11-31　相关原始凭证▼

中国农业银行电汇凭证（收账通知）　　4

委托日期　2019 年 1 月 28 日

汇款人	全　称	沈阳市万乐医药公司	收款人	全　称	吉林省通达有限责任公司
	账　号	002765689000		账　号	07150301040009988
	汇出地点	辽宁省沈阳市		汇入地点	吉林省长春市
汇出行名称		建行沈阳支行	汇入行名称		中国农业银行长春市双德支行

金额	人民币（大写）壹拾壹万柒仟元整	亿	千	百	十	万	千	百	十	元	角	分
				¥	1	1	7	0	0	0	0	0

款项已收入收款人账户。 中国农业银行长春市 双德支行 2019.01.28 转 模拟 讫 汇入行盖章	支付密码	
	附加信息及用途：货款 复核　　记账	

此联是收款行给收款人的收账通知

【实训 32】1 月 28 日，往邮电局划转电话费（委托收款结算）8 592.63 元。需要取得的相关原始凭证如图表 11-32 所示。

▼图表 11-32　相关原始凭证▼

托收凭证（付款通知）　　5

委托日期 2019 年 1 月 28 日　　付款期限 2019 年 1 月 28 日

业务类型	委托收款（□ 邮划、☑电划）　托收承付（□ 邮划、□ 电划）							
付款人	全　称	吉林省通达有限责任公司			收款人	全　称	中国联通有限公司长春分公司	
	账　号	07150301040009988				账　号	000365425345	
	地　址	吉林省长春市	开户行	农行长春双德支行		地　址	吉林省长春市	开户行　工行长春支行

金额	人民币（大写）捌仟伍佰玖拾贰元陆角叁分	亿	千	百	十	万	千	百	十	元	角	分
						¥	8	5	9	2	6	3

款项内容	IP 电话	托收凭据名称		附寄单证张数	
商品发运情况			合同名称号码		

备注： 通话周期 2018-12-20～2019-1-20 付款人开户银行收到日期 2019 年 1 月 28 日 复核　　记账	中国农业银行长春市 双德支行 2019.0128 转 模拟 讫 付款人开户银行签章 2019 年 1 月 28 日	付款人注意： 1. 根据支付结算办法，上列委托收款（托收承付）款项在付款期限内未提出拒付，即视为同意付款，以此代付款通知。 2. 如需提出全部或部分拒付，应在规定期限内，将拒付理由书并附债务证明退交开户银行。

此联是付款人开户银行给付款人的按期付款通知

【实训 33】1 月 28 日，从银行提现金 293 979 元发工资。（对于该项业务在现金核算时已填制了记账凭证，此处不再重复填制凭证。对于涉及现金、银行存款同时增减的业务，只填制付款凭证，然后根据其登记日记账即可。）另外，填写一张 99 765.5 元（包括单位承担 73 597.5 元，个人承担 26 168 元）的转账支票向长春市中心医院医保中心支付医疗保险款。需要填制和取得的相关原始凭证分别如图表 11-33(a)和图表 11-33(b)所示。

▼图表 11-33(a) 相关原始凭证▼

中国农业银行（吉）
转账支票存根
XⅣ00012303
附加信息 ________
____
____
____
出票日期 年 月 日

收款人：	
金 额：	
用 途：	

单位主管 会计

中国农业银行 转账支票（吉） XⅣ00012303

出票日期（大写） 年 月 日 付款行名称：
收款人： 出票人账号：

本支票付款期限十天

人民币（大写）	亿	千	百	十	万	千	百	十	元	角	分

用途________
上列款项请从
我账户内支付
出票人签章 复核 记账

▼图表 11-33(b) 相关原始凭证▼

专用收款收据存根

吉财会账证 50 号 收款日期 2019 年 1 月 28 日 No.724807

交款单位（交款人）	吉林省通达有限责任公司	收款单位	长春市中心医院医保中心	收款项目	个人医疗保险

人民币（大写）	玖万玖仟柒佰陆拾伍元伍角整	十	万	千	百	拾	元	角	分
		¥	9	9	7	6	5	5	0

收款事由	医疗保险款	经办部门
		经办人员

上述款项照数收讫无误 收款单位财会专用章： （领款人签字）	会计主管	稽核	出纳	交款人

长春市中心医院医保中心 财务专用章

【实训 34】1 月 29 日，开出一张转账支票支付广告费给吉林省长春市电视台。需要填制和取得的相关原始凭证分别如图表 11-34(a)和图表 11-34(b)所示。

▼图表 11-34(a)　相关原始凭证▼

中国农业银行（吉）
转账支票存根
XⅣ00012304

附加信息

出票日期　　年　月　日

收款人：	
金　额：	
用　途：	

单位主管　　　会计

中国农业银行　转账支票（吉）　XⅣ00012304

出票日期（大写）　　年　　月　　日　付款行名称：

收款人：　　　　　　　　　　　　出票人账号：

本支票付款期限十天

人民币（大写）	亿	千	百	十	万	千	百	十	元	角	分

用途________

上列款项请从
我账户内支付
出票人签章　　　　　　　复核　　　记账

▼图表 11-34(b)　相关原始凭证▼

吉林增值税专用发票

吉林省税务局

开票日期：2019 年 1 月 29 日

购买方	名　　称：吉林省通达有限责任公司 纳税人识别号：912201012103698889 地 址、电 话：长春市南关区盛世大路 158 号 开户行及账号：农行长春双德支行 07150301040009988				密码区	（略）	
货物或应税劳务、服务名称	规格型号	单位	数量	单价	金额	税率	税额
*广告代理服务*广告费					24 790.00	6%	1 487.40
合　计					¥24 790.00		¥1 487.40
价税合计（大写）	⊗贰万陆仟贰佰柒拾柒元肆角整				（小写）¥26 277.40		
销售方	名　　称：吉林省长春市电视台 纳税人识别号：912201111589365408 地 址、电 话：长春市朝阳区百草路 149 号 开户行及账号：工行朝阳区支行 62201875638001247839				备注	吉林省长春市电视台 912201111589365408 发票专用章	

第三联：发票联　购买方记账凭证

收款人：徐矩　　　复核：　　　开票人：于申申　　　销售方：（章）

【实训 35】1 月 29 日，签发一张转账支票支付报话费 5 514.8 元。需要填制和取得的相关原始凭证分别如图表 11-35(a)和图表 11-35(b)所示。

▼图表 11-35(a)　相关原始凭证▼

中国农业银行　（吉）
转账支票存根
XⅣ00012305
附加信息

出票日期　　年　月　日

收款人：	
金　额：	
用　途：	

单位主管　　　会计

中国农业银行　转账支票（吉）　XⅣ00012305

出票日期（大写）　　年　　月　　日　付款行名称：
收款人：　　　　　　　　　　　　出票人账号：

本支票付款期限十天

人民币（大写）	亿	千	百	十	万	千	百	十	元	角	分

用途________
上列款项请从
我账户内支付
出票人签章　　　　　　复核　　　记账

▼图表 11-35(b)　相关原始凭证▼

吉林增值税专用发票

开票日期：2019 年 1 月 29 日

购买方	名　　称：吉林省通达有限责任公司 纳税人识别号：912201012103698889 地 址、电 话：长春市南关区盛世大路 158 号 开户行及账号：农行长春双德支行 07150301040009988				密码区	（略）		
货物或应税劳务、服务名称	规格型号	单位	数量	单价	金额	税率	税额	
*电信服务*报话费					5013.45	10%	501.35	
合　　计					¥5013.45		¥501.35	
价税合计（大写）	⊗伍仟伍佰壹拾肆元捌角整				（小写）¥5514.80			
销售方	名　　称：吉林省电信公司长春分公司 纳税人识别号：912201036583653211 地 址、电 话：长春市朝阳区卫星路 28 号 开户行及账号：建行朝阳区支行 62228252146986699				备注	通话费周期： 20190101—20190129 电报费 136.56 元 国内长途费 3416.40 元 市内通话费 1961.84 元		

第三联：发票联　购买方记账凭证

收款人：宁婷婷　　　　复核：　　　　开票人：华丽　　　　销售方：（章）

（印章：吉林省电信公司长春分公司　912201036583653211　发票专用章）

【实训 36】1 月 30 日，开出转账支票（支票填写略）支付本月职工养老保险费 99 765.5 元（包括单位承担 73 597.5 元，个人承担 26 168 元）。需要取得的相关原始凭证如图表 11-36(a)和图表 11-36(b)所示。

▼图表 11-36(a) 相关原始凭证▼

中国太平洋保险公司保险费收据

2019 年 1 月 30 日

交款人	吉林省通达有限责任公司	付款方式	支票
交款事由	2019 年 1 月职工保险费	保险单号	67 235
金额（大写）：人民币玖万玖仟柒佰陆拾伍元伍角整		¥99 765.50	
盖章：2019 年 1 月 30 日 财务专用章			

▼图表 11-36(b) 相关原始凭证▼

中国农业银行
转账支票存根 （吉）
XⅥ00012306

附加信息＿＿＿＿＿＿＿＿

出票日期 2019 年 1 月 30 日

收款人：中国太平洋保险公司
金 额：¥99 765.50
用 途：付本月养老保险费

单位主管 会计

【实训37】 1月31日，申请办理银行汇票，用以支付材料款。取得的相关原始凭证如图表11-37(a)和图表11-37(b)所示。

▼图表 11-37(a) 相关原始凭证▼

中国农业银行
业务委托书 回执

委托人账号	07150301040009988
收款人全称	吉林省通达有限责任公司
收款人账号	6222400556550147801
金额	¥200 000.00
委托日期	2019年1月31日
此联为银行受理通知书，若委托人申请汇票或本票业务，应凭此联领取汇票或本票。	

中国农业银行长春市
双德支行
2019.01.31
转
模拟
讫

▼图表 11-37(b) 相关原始凭证▼

中国农业银行 现金管理收费回单

2019 年 1 月 31 日　　传票号（略）

付款人户名	吉林省通达有限责任公司				
付款人账号	07150301040009988		开户行名称	农行长春双德支行	
业务种类	银行汇票				
收费项目	收费基数标志	费率	交易量	交易金额	收费金额
银行汇票申请手续费					60.00
金额（大写）	陆拾元整				
日期：2019 年 1 月 31 日	日志号：	交易码：	币种：人民币		
金额：¥60.00	终端号：	主　管：	柜员：		

中国农业银行长春市
双德支行
2019.01.31
转
模拟
讫

模块 12

资本资金核算会计岗位实训演练

实训目的

通过资本资金核算会计岗位实训演练，了解资本资金核算会计岗位的职责，掌握企业资金的取得渠道及相关业务核算，掌握资本资金核算会计岗位关于投资者投入货币资金、实物资产、无形资产等的实务操作流程。

实训环境

会计模拟实验室，配有相关原始凭证、记账凭证、账簿、实物展台等。

实训要求

（1）模拟实务操作等同于实际工作，应按照会计核算程序及有关规章制度认真进行。

（2）根据提供的经济业务资料，了解、分析经济业务的具体情况，审核原始凭证、填制记账凭证。

实训资料

吉林省通达有限责任公司在 2018 年 5 月份发生的经济业务如下。

【实训 1】5 月 5 日，收到吉林省财政厅（账号为 000355567687，开户银行为建行长春支行）一张拨款 8 000 000 元的支票（票据号码为 298），该款项已存入开户银行，作为国家向吉林省通达有限责任公司的投资。需要填制的相关原始凭证如图表 12-1(a)和图表 12-1(b)所示。

▼图表 12-1(a)　相关原始凭证▼

收 款 凭 证

附件　　张　　　　　　　　　　　　年　月　日

兹由（交款人）________
交　　来________
人民币（大写）________　¥______
收款单位：
缴款人（或单位）　（签章）　　出纳人收讫（签章）

第一联　此联收入机关留　凭以做记账凭证

▼图表 12-1(b)　相关原始凭证▼

中国农业银行进 账 单（收账通知）　3

年　月　日

出票人	全　称		收款人	全　称											
	账　号			账　号											
	开户银行			开户银行											
金额	人民币（大写）				亿	千	百	十	万	千	百	十	元	角	分
票据种类		票据张数													
票据号码															
复核　记账				收款人开户银行签章											

中国农业银行长春市 双德支行 2018.05.05 转 模拟 讫

此联是收款人开户银行交给收款人的收账通知

【实训 2】5 月 6 日，收到宏大公司专利技术投资“药品研制技术”，价值 6 000 000 元，投资期限为 10 年。需要填制的相关原始凭证如图表 12-2 所示。（对方没有开增值税专用发票）

▼图表 12-2　相关原始凭证▼

接 受 投 资 收 据

年　月　日

投资单位		投资日期		
投资项目	价值	税金	投资期限	备注
投资金额	人民币（大写）　　¥________			

接受单位：（签章）　　　　　　　　制单：

【实训 3】5 月 8 日，收到万盛工厂（电话为 0431–86325115，开户行为工行长春市朝阳分理处)投入的一台机器设备，双方协商作价 200000 元，其增值税税率为 16%。需要填制的相关原始凭证如图表 12-3 所示。

▼图表 12-3　相关原始凭证▼

固定资产投资入账单

开票日期：　　年　月　日

<table>
<tr><td rowspan="2">投资单位</td><td>名　　称</td><td colspan="2"></td><td colspan="9">企 业 代 码</td><td></td></tr>
<tr><td>地址、电话</td><td colspan="2"></td><td colspan="9">开户银行及账号</td><td></td></tr>
<tr><td>投资名称</td><td>计 量 单 位</td><td>数 量</td><td>单 价</td><td colspan="9">金　　额</td><td>投资方式</td></tr>
<tr><td></td><td></td><td></td><td></td><td>百</td><td>十</td><td>万</td><td>千</td><td>百</td><td>十</td><td>元</td><td>角</td><td>分</td><td rowspan="2"></td></tr>
<tr><td>价税合计
（大写）</td><td colspan="3"></td><td></td><td></td><td></td><td></td><td></td><td></td><td></td><td></td><td></td></tr>
<tr><td rowspan="2">接受单位</td><td>名　　称</td><td colspan="2"></td><td colspan="9">企 业 代 码</td><td></td></tr>
<tr><td>地址、电话</td><td colspan="2"></td><td colspan="9">开户银行及账号</td><td></td></tr>
</table>

【实训 4】5 月 8 日，收到吉林省长春市吉利公司投入原材料双花 50 000 千克，单价为 9 元，双方协商作价 450 000 元，材料入 3 号仓库，增值税为 72 000 元，投资期限为 5 年。需要填制和取得的相关原始凭证如图表 12-4(a)、图表 12-4(b)和图表 12-4(c)所示。

▼图表 12-4(a)　相关原始凭证▼

接 受 投 资 收 据

年　月　日

<table>
<tr><td>投资单位</td><td></td><td>投资日期</td><td colspan="2"></td></tr>
<tr><td>投资项目</td><td>价值</td><td>税金</td><td>投资期限</td><td>备注</td></tr>
<tr><td></td><td></td><td></td><td></td><td></td></tr>
<tr><td>投资金额</td><td colspan="4">人民币（大写）　　　　¥__________</td></tr>
</table>

接受单位：（签章）　　　　　　　　　　　制单：

▼图表 12-4(b)　相关原始凭证▼

吉林省增值税专用发票

发票联

开票日期：2018 年 5 月 8 日

购买方	名　　称：吉林省通达有限责任公司 纳税人识别号：91220101210369888 9 地 址、电 话：长春市南关区盛世大路 158 号 开户行及账号：农行长春双德支行 07150301040009988			密码区	（略）		
货物或应税劳务、服务名称	规格型号	单位	数量	单价	金额	税率	税额
*中草药材*双花		千克	50 000	9.00	450 000.00	16%	72 000.00
合　　计					¥450 000.00		¥72 000.00
价税合计（大写）	⊗伍拾贰万贰仟元整				（小写）¥522 000.00		
销售方	名　　称：吉林省长春市吉利公司 纳税人识别号：912201113589365405 地 址、电 话：长春市斯大林大街 45 号 开户行及账号：中行长春支行 07046786870125601			备注	吉林省长春市吉利公司 912201113589365405 发票专用章		

第三联：发票联　购买方记账凭证

收款人：杨洋洋　　复核：　　开票人：徐洋　　销售方：（章）

▼图表 12-4(c)　相关原始凭证▼

收　料　单

材料科目：　　　　　　　　　　　　供应单位：

材料类别：　　　　　　　　　　　　发票号码：

年　月　日　　　　　　　　　　　　收料仓库：

材料名称	规格	计量单位	数量		实际成本					
			应收	实收	买价		运杂费	其他	合计	单位成本
					单价	金额				
合　计										

记账：　　　　　　收料：　　　　　　制单：

【实训 5】5 月 9 日，收到伟邦公司（企业代码为 234，电话为 0431-86458990，开户行为建行长春市支行）投入需要安装的一台旧设备（制药设备），交付生产部门使用，其原值为 520 000 元，已提折旧为 150 000 元，双方评估确认价值为 350 000 元，以存款支付安装费 8 000 元，开出一张转账支票，次日安装完毕，达到预定可使

用状态。需要填制的相关原始凭证如图表 12-5(a)、图表 12-5(b)、图表 12-5(c)和图表 12-5(d)所示。

▼图表 12-5(a)　相关原始凭证▼

固定资产投资入账单

开票日期：　　年　月　日

<table>
<tr><td rowspan="2">投资单位</td><td>名　　称</td><td colspan="2"></td><td colspan="9">企 业 代 码</td><td></td></tr>
<tr><td>地址、电话</td><td colspan="2"></td><td colspan="9">开户银行及账号</td><td></td></tr>
<tr><td>投资名称</td><td>计 量 单 位</td><td>数 量</td><td>单 价</td><td colspan="9">金　　额</td><td>投资方式</td></tr>
<tr><td></td><td></td><td></td><td></td><td>百</td><td>十</td><td>万</td><td>千</td><td>百</td><td>十</td><td>元</td><td>角</td><td>分</td><td rowspan="2"></td></tr>
<tr><td>价税合计
（大写）</td><td colspan="3"></td><td></td><td></td><td></td><td></td><td></td><td></td><td></td><td></td><td></td></tr>
<tr><td rowspan="2">接受单位</td><td>名　　称</td><td colspan="2"></td><td colspan="9">企 业 代 码</td><td></td></tr>
<tr><td>地址、电话</td><td colspan="2"></td><td colspan="9">开户银行及账号</td><td></td></tr>
</table>

▼图表 12-5(b)　相关原始凭证▼

<table>
<tr>
<td>中国农业银行
转账支票存根　（吉）
XⅣ00021668
附加信息
＿＿＿＿＿＿＿＿
＿＿＿＿＿＿＿＿
＿＿＿＿＿＿＿＿
出票日期　　年　月　日
收款人：
金　额：
用　途：
单位主管　　　会计</td>
<td>本支票付款期限十天</td>
<td>中国农业银行　转账支票（吉）　XⅣ00021668
出票日期（大写）　　年　月　日　付款行名称：
收款人：　　　　　　　　　　出票人账号：
<table>
<tr><td rowspan="2">人民币
（大写）</td><td>亿</td><td>千</td><td>百</td><td>十</td><td>万</td><td>千</td><td>百</td><td>十</td><td>元</td><td>角</td><td>分</td></tr>
<tr><td></td><td></td><td></td><td></td><td></td><td></td><td></td><td></td><td></td><td></td><td></td></tr>
</table>
用途＿＿＿＿＿
上列款项请从
我账户内支付
出票人签章　　　　　　　复核　　　　记账</td>
</tr>
</table>

▼图表 12-5(c)　相关原始凭证▼

安装费单　据	字第 3 号
人民币	¥
此 致	
	敬礼
	领收人：
台　照	年　月　日

负责人：　　会计：　　出纳：　　经手人：

▼图表 12-5(d)　相关原始凭证▼

固定资产入账单

年　月　日

名称及规格	数量	单位	买价	运费	安装费	金额	备注
验收部门：							

会计：　　制单：

【实训 6】 5 月 9 日，向银行申请 3 个月期限的短期借款 600 000 元，已获批准，款项已划入银行存款账户。需要取得的相关原始凭证如图表 12-6 所示。

▼图表 12-6　相关原始凭证▼

贷款凭证（3）（收账通知）

2018 年 5 月 9 日

贷款单位	吉林省通达有限责任公司	种类	短期	贷款户账号	中国农业银行长春市双德支行 07150301040009988
金额	人民币（大写）陆拾万元整				千 百 十 万 千 百 十 元 角 分 　 ¥ 6 0 0 0 0 0 0 0
用途	流动资金周转借款	单位申请期限		自 2018 年 5 月 9 日至 2018 年 8 月 9 日	
		银行核定期限		自 2018 年 5 月 9 日至 2018 年 8 月 9 日	
上述贷款已核准发放，并已划入你单位账号。 月利率为 0.67% 中国农业银行长春市双德支行 2018.05.09 转讫 模拟 年 5 月 9 日 银行签章				单位会计分录 收入 付出 复核　　记账 主管　　会计	

注意　在实际工作中，对于短期借款，也有按月计提利息、到期一次还本付息的。想想如果到期一次还本付息该如何处理？

【实训 7】5 月 10 日，向银行申请取得期限为 5 年的借款 3 000 000 元，已存入银行。需要取得的相关原始凭证如图表 12-7 所示。

▼图表 12-7　相关原始凭证▼

贷款凭证（3）（收账通知）

2018 年 5 月 10 日

贷款单位	吉林省通达有限责任公司	种类	长期	贷款户账号	中国农业银行长春市双德支行 07150301040009988
金额	人民币（大写）叁佰万元整				千 百 十 万 千 百 十 元 角 分 ¥ 3 0 0 0 0 0 0 0 0
用途	科研开发借款	单位申请期限	自 2018 年 5 月 10 日至 2023 年 5 月 10 日		
		银行核定期限	自 2018 年 5 月 10 日至 2023 年 5 月 10 日		
上述贷款已核准发放，并已划入你单位账号。 年利率为 9% 2018 年 5 月 10 日 银行签章 （印章：中国农业银行长春市双德支行 2018.05.10 转 讫）					单位会计分录 收入 付出 复核　记账 主管　会计

【实训 8】5 月 31 日，预提本月短期借款利息，将计算结果填入图表 12-8 中。

▼图表 12-8　相关原始凭证▼

银行借款利息计算表

年　月　日　　　　单位：元

借款种类	金　额	利　率	本月应提利息	备　注

主管：　　记账：　　复核：　　制表：

【实训 9】5 月 31 日，预提本月长期借款利息，将计算结果填入图表 12-9 中。

▼图表 12-9　相关原始凭证▼

银行借款利息计算表

年　月　日　　　　　　　　　　　　单位：元

借款种类	金　额	利　率	本月应提利息	备　注

主管：　　　　记账：　　　　复核：　　　　制表：

【实训 10】假设短期借款到期，计算归还本息，思考填制什么原始凭证，自行计算填制并进行会计处理。

【实训 11】假设长期借款到期，计算归还本息，思考填制什么原始凭证，自行计算填制并进行会计处理。

模块 13

材料会计岗位实训演练

实训目的

通过材料会计岗位实训演练，使学生明确材料收、发、结存的核算流程；掌握材料按实际成本计价和按计划成本计价的核算；熟练填写和审核相关原始凭证并根据审核无误的原始凭证填制记账凭证，并能登记材料明细账。

实训环境

会计模拟实验室，配有相关原始凭证、记账凭证、账簿、实物展台等。

实训要求

（1）对材料正确计价，计算材料的实际采购成本。

（2）严格执行材料收、发凭证的填制、传递、审核的手续制度，分别按材料的类别、品种、规格登记明细账。

（3）对于按实际成本计价方法进行材料收、发的总分类核算和有关明细分类核算，掌握采用个别计价法、先进先出法、加权平均法、移动加权平均法计算耗用材料实际成本。

（4）对于按计划成本计价方法进行材料收、发的总分类核算和有关明细分类核算，掌握材料成本差异率及发出材料应负担成本差异的计算，编制收、发料凭证汇总表。

（5）材料清查盘点的方法。

实训资料

吉林省通达有限责任公司 2019 年 3 月份发生的有关材料收入、发出业务如下。

一、材料按实际成本计价的核算

吉林省通达有限责任公司耗用材料计价方法采用先进先出法计算，根据以下经济业务填制记账凭证，同时开设天麻和党参两种材料的明细分类账。

（1）天麻期初结存数量为 1 000 千克，单价为 150 元。

（2）党参期初结存数量为 2 000 千克，单价为 15 元。

【实训 1】 3 月 1 日，从银行取回辽宁省沈阳市医药公司异地托收凭证（付款通知），金额为 103 558 元，附购买天麻的增值税专用发票，数量为 600 千克，单价为 148 元，计买价 88 800 元、增值税税额为 14 208 元，全部款项已支付，材料尚未到达公司。需要取得和填制的相关原始凭证如图表 13-1(a)、图表 13-1(b)和图表 13-1(c)所示。

▼图表 13-1(a)　相关原始凭证▼

辽宁增值税专用发票

（国家税务总局 辽宁省税务局）

开票日期：2019 年 3 月 1 日

购买方	名　　称：吉林省通达有限责任公司 纳税人识别号：912201012103698889 地 址、电 话：长春市南关区盛世大路 158 号 开户行及账号：农行长春双德支行 07150301040009988	密码区	（略）

货物或应税劳务、服务名称	规格型号	单位	数量	单价	金额	税率	税额
*中草药材*天麻		千克	600	148.00	88 800.00	16%	14 208.00
合　计					¥88 800.00		¥14 208.00
价税合计（大写）	⊗壹拾万零叁仟零捌元整				（小写）¥103 008.00		

销售方	名　　称：辽宁省沈阳市医药公司 纳税人识别号：912101324589365405 地 址、电 话：沈阳市林河街 98 号 开户行及账号：中行沈阳支行 000467868701	备注	辽宁省沈阳市医药公司 912101324589365405 发票专用章

收款人：林涛　　复核：　　开票人：黄英　　销售方：（章）

第三联：发票联　购买方记账凭证

▼图表 13-1(b)　相关原始凭证▼

辽宁增值税专用发票

（国家税务总局 吉林省税务局）

开票日期：2019 年 3 月 1 日

购买方	名　　称：吉林省通达有限责任公司 纳税人识别号：912201012103698889 地 址、电 话：长春市南关区盛世大路 158 号 开户行及账号：农行长春双德支行 07150301040009988					密码区	（略）	
货物或应税劳务、服务名称	规格型号	单位	数量	单价	金额	税率	税额	
*运输服务*运输费		次	1	500.00	500.00	10%	50.00	
合　计					¥500.00		¥50.00	
价税合计（大写）	⊗伍佰伍拾元整				（小写）¥550.00			
销售方	名　　称：沈阳市路发货物运输公司 纳税人识别号：912101201369975055 地 址、电 话：沈阳市和平区新华路 198 号 开户行及账号：工行沈阳支行 021037869718					备注	沈阳市路发货物运输公司 912101201369975055 发票专用章	

收款人：王玉玉　　　复核：　　　开票人：李洋洋　　　销售方：（章）

第三联：发票联　购买方记账凭证

▼图表 13-1(c)　相关原始凭证▼

托收凭证（付款通知）　　5

委托日期 2019 年 3 月 1 日　　　付款期限 2019 年 3 月 1 日

业务类型	委托收款（☐ 邮划、☐电划）　托收承付（☐ 邮划、☑ 电划）						
付款人	全　称	吉林省通达有限责任公司		收款人	全　称	辽宁省沈阳市医药公司	
	账　号	07150301040009988			账　号	000467868701	
	地　址	吉林省长春市　开户行	农行长春双德支行		地　址	辽宁省沈阳市　开户行	中行沈阳支行
金额	人民币（大写）壹拾万零叁仟伍佰伍拾捌元整					亿 千 百 十 万 千 百 十 元 角 分	¥ 1 0 3 5 5 8 0 0
款项内容	购买材料款及运费	托收凭据名称	增值税专用发票	附寄单证张数	2		
商品发运情况				合同名称号码			
备注： 付款人开户银行收到日期 2019 年 3 月 1 日 复核　记账	付款人开户银行签章 2019 年 3 月 1 日 （中国农业银行长春市双德支行 2019.03.01 转 模拟 讫）			付款人注意： 1. 根据支付结算办法，上列委托收款（托收承付）款项在付款期限内未提出拒付，即视为同意付款，以此代付款通知。 2. 如需提出全部或部分拒付，应在规定期限内，将拒付理由书并附债务证明退交开户银行。			

此联是付款人开户银行给付款人的按期付款通知

【实训 2】3 月 2 日，从辽宁省沈阳市医药公司购入的天麻 600 千克运到，如数验收入库。需要填制的相关原始凭证如图表 13-2 所示。

▼图表 13-2　相关原始凭证▼

收　料　单

材料科目：　　　　　　　　　　　　　　　　供应单位：

材料类别：　　　　　　　　　　　　　　　　发票号码：

年　月　日　　　　　　　　　　　　　　　　收料仓库：

<table>
<tr><th rowspan="3">材料名称</th><th rowspan="3">规格</th><th rowspan="3">计量单位</th><th colspan="2">数量</th><th colspan="6">实际成本</th></tr>
<tr><th rowspan="2">应收</th><th rowspan="2">实收</th><th colspan="2">买价</th><th rowspan="2">运杂费</th><th rowspan="2">其他</th><th rowspan="2">合计</th><th rowspan="2">单位成本</th></tr>
<tr><th>单价</th><th>金额</th></tr>
<tr><td></td><td></td><td></td><td></td><td></td><td></td><td></td><td></td><td></td><td></td><td></td></tr>
<tr><td></td><td></td><td></td><td></td><td></td><td></td><td></td><td></td><td></td><td></td><td></td></tr>
<tr><td>合　计</td><td></td><td></td><td></td><td></td><td></td><td></td><td></td><td></td><td></td><td></td></tr>
</table>

记账：　　　　　　　　　　收料：　　　　　　　　　　制单：

【实训 3】3 月 3 日，一车间生产甲产品领用天麻 400 千克，单价为 150 元；领用党参 400 千克，单价为 15 元。需要填制的相关原始凭证如图表 13-3(a)和图表 13-3(b)所示。

▼图表 13-3(a)　相关原始凭证▼

领　料　单

年　月　日　　　　　　　　　　字第　　号

<table>
<tr><td>材料编号</td><td></td><td>材料名称</td><td></td><td>规格</td><td colspan="3"></td><td colspan="3">数量</td><td colspan="5"></td></tr>
<tr><td rowspan="2">计量单位</td><td rowspan="2"></td><td rowspan="2">单价</td><td rowspan="2"></td><td rowspan="2">金额</td><td>亿</td><td>千</td><td>百</td><td>十</td><td>万</td><td>千</td><td>百</td><td>十</td><td>元</td><td>角</td><td>分</td></tr>
<tr><td></td><td></td><td></td><td></td><td></td><td></td><td></td><td></td><td></td><td></td><td></td></tr>
<tr><td>用途及摘要</td><td colspan="15"></td></tr>
<tr><td>仓库意见</td><td></td><td>领料人</td><td colspan="13"></td></tr>
</table>

▼图表 13-3(b)　相关原始凭证▼

领　料　单

年　月　日　　　　　　　　　　字第　　号

<table>
<tr><td>材料编号</td><td></td><td>材料名称</td><td></td><td>规格</td><td colspan="3"></td><td colspan="3">数量</td><td colspan="5"></td></tr>
<tr><td rowspan="2">计量单位</td><td rowspan="2"></td><td rowspan="2">单价</td><td rowspan="2"></td><td rowspan="2">金额</td><td>亿</td><td>千</td><td>百</td><td>十</td><td>万</td><td>千</td><td>百</td><td>十</td><td>元</td><td>角</td><td>分</td></tr>
<tr><td></td><td></td><td></td><td></td><td></td><td></td><td></td><td></td><td></td><td></td><td></td></tr>
<tr><td>用途及摘要</td><td colspan="15"></td></tr>
<tr><td>仓库意见</td><td></td><td>领料人</td><td colspan="13"></td></tr>
</table>

【实训 4】3 月 5 日，二车间生产乙产品领用党参 200 千克。需要填制的相关原始凭证如图表 13-4 所示。

▼图表 13-4　相关原始凭证▼

领　料　单

年　月　日　　　　　　　　　　字第　　号

<table>
<tr><td>材料编号</td><td></td><td>材料名称</td><td></td><td>规格</td><td colspan="3"></td><td colspan="3">数量</td><td colspan="5"></td></tr>
<tr><td rowspan="2">计量单位</td><td rowspan="2"></td><td rowspan="2">单价</td><td rowspan="2"></td><td rowspan="2">金额</td><td>亿</td><td>千</td><td>百</td><td>十</td><td>万</td><td>千</td><td>百</td><td>十</td><td>元</td><td>角</td><td>分</td></tr>
<tr><td></td><td></td><td></td><td></td><td></td><td></td><td></td><td></td><td></td><td></td><td></td></tr>
<tr><td>用途及摘要</td><td colspan="15"></td></tr>
<tr><td>仓库意见</td><td></td><td>领料人</td><td colspan="13"></td></tr>
</table>

【实训 5】3 月 6 日，从长春市医药批发站购入党参，签发一张转账支票，金额为 12 586 元，予以付款，材料验收入库。需要取得和填制的相关原始凭证如图表 13-5(a)、图表 13-5(b)和图表 13-5(c)所示。

▼图表 13-5(a)　相关原始凭证▼

吉林增值税专用发票

国家税务总局 吉林省税务局

开票日期：2019 年 3 月 6 日

<table>
<tr><td>购买方</td><td colspan="4">名　　　称：吉林省通达有限责任公司
纳税人识别号：912201012103698889
地 址、电 话：长春市南关区盛世大路 158 号
开户行及账号：农行长春双德支行 07150301040009988</td><td>密码区</td><td colspan="3">（略）</td></tr>
<tr><td colspan="2">货物或应税劳务、服务名称
*中草药材*党参

合　　计</td><td>规格型号</td><td>单位
千克</td><td>数量
700</td><td>单价
15.50</td><td>金额
10 850.00

¥10 850.00</td><td>税率
16%</td><td>税额
1 736.00

¥1 736.00</td></tr>
<tr><td colspan="2">价税合计（大写）</td><td colspan="7">⊗壹万贰仟伍佰捌拾陆元整　　　　（小写）¥12 586.00</td></tr>
<tr><td>销售方</td><td colspan="4">名　　　称：长春市医药批发站
纳税人识别号：912201245893654778
地 址、电 话：长春市黄河路 101 号
开户行及账号：建行长春支行 000266891145</td><td>备注</td><td colspan="3">长春市医药批发站
912201245893654778
发票专用章</td></tr>
</table>

第三联：发票联　购买方记账凭证

收款人：黄英　　　复核：　　　开票人：梁军　　　销售方：（章）

▼图表 13-5(b)　相关原始凭证▼

收　料　单

材料科目：　　　　　　　　　　　　　　　　　　　　　　　　供应单位：

材料类别：　　　　　　　　　　　　　　　　　　　　　　　　发票号码：

　　　　　　　　　　　　　　年　　月　　日　　　　　　　　收料仓库：

材料名称	规格	计量单位	数量		实际成本					
			应收	实收	买价		运杂费	其他	合计	单位成本
					单价	金额				
合　计										

记账：　　　　　　　　　　　　　收料：　　　　　　　　　　　　制单：

▼图表 13-5(c)　相关原始凭证▼

中国农业银行（吉）
转账支票存根
XⅣ00012209

附加信息

出票日期　　年　月　日

收款人：
金　额：
用　途：

单位主管　　　　会计

中国农业银行　转账支票（吉）　XⅣ00012209

出票日期（大写）　　年　　月　　日　付款行名称：

收款人：　　　　　　　　　　　　　　出票人账号：

本支票付款期限十天

人民币（大写）	亿	千	百	十	万	千	百	十	元	角	分

用途________

上列款项请从

我账户内支付

出票人签章　　　　　　　　复核　　　　记账

【实训 6】3 月 8 日，一车间进行药材检验，消耗党参 100 千克。需要填制的相关原始凭证如图表 13-6 所示。

▼图表 13-6　相关原始凭证▼

领　料　单

年　月　日　　　　　　　　字第　　号

材料编号		材料名称		规格					数量					
计量单位		单价		金额	亿	千	百	十	万	千	百	十	元	角	分
用途及摘要															
仓库意见		领料人													

【实训 7】3 月 10 日，从银行取回哈尔滨市药材批发站托收凭证（付款通知），金额为 136 148 元，附购买天麻的增值税专用发票，数量为 800 千克，单价为 146 元，计买价 116 800 元，增值税税额为 18 688 元，款项已承付，材料到达验收入库。需要取得和填制的相关原始凭证如图表 13-7(a)、图表 13-7(b)、图表 13-7(c)和图表 13-7(d)所示。

▼图表 13-7(a)　相关原始凭证▼

黑龙江增值税专用发票

国家税务总局 黑龙江省税务局

开票日期：2019 年 3 月 10 日

购买方	名　　称：吉林省通达有限责任公司 纳税人识别号：912201012103698889 地 址、电 话：长春市南关区盛世大路 158 号 开户行及账号：农行长春双德支行 07150301040009988				密码区	（略）	
货物或应税劳务、服务名称	规格型号	单位	数量	单价	金额	税率	税额
*中草药材*天麻		千克	800	146.00	116 800.00	16%	18 688.00
合　　计					¥116 800.00		¥18 688.00
价税合计（大写）	⊗壹拾叁万伍仟肆佰捌拾捌元整				（小写）¥135 488.00		
销售方	名　　称：哈尔滨市药材批发站 纳税人识别号：922301089365405412 地 址、电 话：哈尔滨市南岗区泉阳路 118 号 开户行及账号：工行哈尔滨支行 100467822709				备注	哈尔滨市药材批发站 922301089365405412 发票专用章	

第三联：发票联　购买方记账凭证

收款人：齐丽丽　　复核：　　开票人：汪海力　　销售方：（章）

▼图表 13-7(b)　相关原始凭证▼

黑龙江增值税专用发票

开票日期：2019 年 3 月 10 日

购买方	名　　称：吉林省通达有限责任公司 纳税人识别号：912201012103698889 地 址、电 话：长春市南关区盛世大路 158 号 开户行及账号：农行长春双德支行 07150301040009988				密码区	（略）	
货物或应税劳务、服务名称	规格型号	单位	数量	单价	金额	税率	税额
*运输服务*运输费		次	1	600.00	600.00	10%	60.00
合　　计					¥600.00		¥60.00
价税合计（大写）	⊗陆佰陆拾元整				（小写）¥660.00		
销售方	名　　称：哈尔滨市顺风货物运输公司 纳税人识别号：922301083369075418 地 址、电 话：哈尔滨市南岗区泉阳路 99 号 开户行及账号：工行沈阳支行 021669036918				备注	哈尔滨市顺风货物运输公司 922301083369075418 发票专用章	

收款人：洪鹏　　复核：　　开票人：韩露露　　销售方：（章）

第三联：发票联　购买方记账凭证

▼图表 13-7(c)　相关原始凭证▼

托收凭证（付款通知）　　5

委托日期 2019 年 3 月 10 日　　付款期限 2019 年 3 月 10 日

业务类型	委托收款（☐ 邮划、☐电划）　托收承付（☐ 邮划、☑ 电划）						
付款人	全　称	吉林省通达有限责任公司		收款人	全　称	哈尔滨市药材批发站	
	账　号	07150301040009988			账　号	100467822709	
	地　址	吉林省长春市	开户行：农行长春双德支行		地　址	黑龙江省哈尔滨市	开户行：工行哈尔滨支行
金额	人民币（大写）壹拾叁万陆仟壹佰肆拾捌元整				亿千百十万千百十元角分	¥13614800	
款项内容	购买材料款及运费	托收凭据名称	增值税专用发票等		附寄单证张数	2	
商品发运情况					合同名称号码		
备注： 付款人开户银行收到日期 2019 年 3 月 10 日 复核　记账		中国农业银行长春市双德支行 2019.03.10 转 模拟 付款人开户银行签章 2019 年 3 月 10 日			付款人注意： 1. 根据支付结算办法，上列委托收款（托收承付）款项在付款期限内未提出拒付，即视为同意付款，以此代付款通知。 2. 如需提出全部或部分拒付，应在规定期限内，将拒付理由书并附债务证明退交开户银行。		

此联是付款人开户银行给付款人的按期付款通知

▼图表 13-7(d)　相关原始凭证▼

收　料　单

材料科目：　　　　　　　　　　　　　　　　　　供应单位：

材料类别：　　　　　　　　　　　　　　　　　　发票号码：

年　月　日　　　　　　　　　　　　　　收料仓库：

材料名称	规格	计量单位	数量		实际成本					
			应收	实收	买价		运杂费	其他	合计	单位成本
					单价	金额				
合　计										

记账：　　　　　　　　　　收料：　　　　　　　　　　制单：

【实训 8】 3 月 12 日，厂部研发部门研制新产品领用党参 100 千克。需要填制的相关原始凭证如图表 13-8 所示。

▼图表 13-8　相关原始凭证▼

领　料　单

年　月　日　　　　　　　　　　字第　号

材料编号		材料名称		规格		数量	
计量单位		单价		金额	亿 千 百 十 万 千 百 十 元 角 分		
用途及摘要							
仓库意见		领料人					

【实训 9】 3 月 12 日，销售部门领用天麻 2 千克用于样品展览。需要填制的相关原始凭证如图表 13-9 所示。

▼图表 13-9　相关原始凭证▼

领　料　单

年　月　日　　　　　　　　　　字第　号

材料编号		材料名称		规格		数量	
计量单位		单价		金额	亿 千 百 十 万 千 百 十 元 角 分		
用途及摘要							
仓库意见		领料人					

【实训 10】 3 月 21 日，从辽宁省抚顺药材批发站购入天麻 500 千克和党参 400 千克，增值税专用发票所列天麻单价为 152 元，计买价 76 000 元；党参单价为 16 元，计买价 6 400 元；增值税税额为 13 184 元。发生运费 360 元，增值税税额为 36 元。款项暂欠，材料已验收入库。需要取得和填制的相关原始凭证如图表 13-10(a)、图表 13-10(b)、图表 13-10(c)、图表 13-10(d)所示。

▼图表 13-10(a)　相关原始凭证▼

辽宁增值税专用发票

（国家税务总局 辽宁省税务局）

开票日期：2019 年 3 月 21 日

购买方	名　　称：吉林省通达有限责任公司 纳税人识别号：912201012103698889 地 址、电 话：长春市南关区盛世大路 158 号 开户行及账号：农行长春双德支行 07150301040009988	密码区	（略）

货物或应税劳务、服务名称	规格型号	单位	数量	单价	金额	税率	税额
*中草药材*天麻		千克	500	152.00	76 000.00	16%	12 160.00
*中草药材*党参			400	16.00	6 400.00	16%	1 024.00
合　计					¥82 400.00		¥13 184.00
价税合计（大写）	⊗玖万伍仟伍佰捌拾肆元整				（小写）¥95584.00		

销售方	名　　称：辽宁省抚顺药材批发站 纳税人识别号：912101066530905774 地 址、电 话：抚顺市新抚区西三街 85 号 开户行及账号：工行辽宁新抚支行 100467822709	备注	（辽宁省抚顺药材批发站 912101066530905774 发票专用章）

收款人：刘佳佳　　复核：　　开票人：李阳　　销售方：（章）

第三联：发票联　购买方记账凭证

对于购买天麻、党参发生的运费 360 元，要求按材料的质量比例进行分配，将其计算结果填入图表 13-10(b)、图表 13-10(d)的空格中，同时计算出天麻与党参的单位采购成本。再将其作为进行会计处理的原始凭证。

▼图表 13-10(b)　相关原始凭证▼

材料运费分配表

单位：元

材料名称	运费总额	分配率（元/千克）	分配金额

会计主管：　　记账：　　制单：

▼图表 13-10(c)　相关原始凭证▼

辽宁增值税专用发票

（国家税务总局 辽宁省税务局）

开票日期：2019 年 3 月 21 日

购买方	名　　称：吉林省通达有限责任公司 纳税人识别号：912201012103698889 地 址、电 话：长春市南关区盛世大路 158 号 开户行及账号：农行长春双德支行 07150301040009988				密码区	（略）	
货物或应税劳务、服务名称	规格型号	单位	数量	单价	金额	税率	税额
*运输服务*运输费		次	1	360.00	360.00	10%	36.00
合　　计					¥360.00		¥36.00
价税合计（大写）	⊗叁佰玖拾陆元整				（小写）¥396.00		
销售方	名　　称：抚顺市汇通货物运输公司 纳税人识别号：912104586309974836 地 址、电 话：抚顺市和平区大华路 105 号 开户行及账号：工行抚顺支行 102367896476				备注	抚顺市汇通货物运输公司 912104586309974836 发票专用章	

第三联：发票联　购买方记账凭证

收款人：李丹　　复核：　　开票人：李洋洋　　销售方：（章）

▼图表 13-10(d)　相关原始凭证▼

收　料　单

材料科目：　　　　　　　　　　供应单位：

材料类别：　　　　　　　　　　发票号码：

年　　月　　日　　　　　　　　收料仓库：

材料名称	规格	计量单位	数量		实际成本					
			应收	实收	买价		运杂费	其他	合计	单位成本
					单价	金额				
合　计										

记账：　　　　　　　　收料：　　　　　　　　制单：

【实训 11】3 月 26 日，从吉林省长春市木器厂购入木箱 200 个，增值税专用发票所列单价为 10 元，计买价 2 000 元，增值税税额为 320 元，签发一张转账支票，金额为 2 320 元，予以付款，木箱已验收入库。需要取得和填制的相关原始凭证如图表 13-11(a)、图表 13-11(b)和图表 13-11(c)所示。

▼图表 13-11(a)　相关原始凭证▼

吉林增值税专用发票

全国统一发票监制章 国家税务总局 吉林省税务局

开票日期：2019 年 3 月 26 日

购买方	名　　称：吉林省通达有限责任公司 纳税人识别号：912201012103698889 地 址、电 话：长春市南关区盛世大路 158 号 开户行及账号：农行长春双德支行 07150301040009988	密码区	（略）

货物或应税劳务、服务名称	规格型号	单位	数量	单价	金额	税率	税额
*木制品*木箱		个	200	10.00	2 000.00	16%	320.00
合　计					¥2 000.00		¥320.00
价税合计（大写）	⊗贰仟叁佰贰拾元整				（小写）¥2 320.00		

销售方	名　　称：吉林省长春市木器厂 纳税人识别号：912201893654778119 地 址、电 话：长春市亚泰大街 0431-86677889 开户行及账号：建行长春市支行 000888391145	备注	吉林省长春市木器厂 912201893654778119 发票专用章

第三联：发票联　购买方记账凭证

收款人：刘浩民　　复核：　　开票人：梁军　　销售方：（章）

▼图表 13-11(b)　相关原始凭证▼

包装物　入 库 单

年　月　日

品名	单位	数量	单价	金额	备注

缴库人：　　　　验收人：

▼图表 13-11(c)　相关原始凭证▼

中国农业银行 转账支票存根（吉） XⅣ00012210	中国农业银行 转账支票（吉） XⅣ00012210
附加信息	出票日期（大写）　年　月　日　付款行名称：
	收款人：　出票人账号：
出票日期　年　月　日	本支票付款期限十天　人民币（大写）　亿 千 百 十 万 千 百 十 元 角 分
收款人：	用途＿＿＿＿
金　额：	上列款项请从 我账户内支付
用　途：	出票人签章　复核　记账
单位主管　会计	

【实训 12】3 月 28 日，从长春市南关五金批发站购入锤子 60 把，普通发票所列单价为 7.76 元，款项以现金支付。需要取得和填制的相关原始凭证如图表 13-12(a)、图表 13-12(b)和图表 13-12(c)所示。

▼图表 13-12(a)　相关原始凭证▼

吉林增值税普通发票

（国家税务总局 吉林省税务局）

开票日期：2019 年 3 月 28 日

购买方	名称：吉林省通达有限责任公司 纳税人识别号：91220101210369888 9 地址、电话：长春市南关区盛世大路 158 号 开户行及账号：农行长春双德支行 07150301040009988	密码区	（略）				
货物或应税劳务、服务名称	规格型号	单位	数量	单价	金额	税率	税额
*金属制品*锤子		把	60	7.76	465.60	3%	13.97
合　计					¥465.60		¥13.97
价税合计（大写）	⊗肆佰柒拾玖元伍角柒分				（小写）¥479.57		
销售方	名称：长春市南关五金批发站 纳税人识别号：912201054189656614 地址、电话：长春市朝阳区硅谷大街 75 号 开户行及账号：建行朝阳区支行 62221025846362147	备注	长春市南关五金批发站 912201054189656614 发票专用章				

收款人：华阳　　复核：　　开票人：陆晨宇　　销售方：（章）

第二联：发票联　购买方记账凭证

▼图表 13-12(b)　相关原始凭证▼

现金支出凭单

附件　张　　　　年　月　日　　　　第　号

用款 事项：________________
人民币 （大写）：________________ ¥________
收款人　　主 管 人 员　　会 计 人 员　　出纳员 付 讫
（签章）　（签章）　（签章）　（签章）

▼图表 13-12(c)　相关原始凭证▼

低值易耗品 入 库 单

年　月　日

品名	单位	数量	单价	金额	备注

缴库人：　　　　验收人：

【实训 13】3 月 29 日，二车间领用锤子 10 把，计 77.6 元，采用一次摊销法摊入成本费用。需要填制的相关原始凭证如图表 13-13 所示。

▼图表 13-13　相关原始凭证▼

低值易耗品 出 库 单

年　月　日

品名	单位	数量	单价	金额	备注

缴库人：　　　　验收人：

【实训 14】 3 月 30 日，从长春市医药批发站发来的党参 1 000 千克验收入库，结算凭证未到，估计价值为 14 700 元。需要填制的相关原始凭证如图表 13-14 所示。

▼图表 13-14　相关原始凭证▼

收　料　单

材料科目：　　　　　　　　　　　　　　　　　　　　　供应单位：

材料类别：　　　　　　　　　　　　　　　　　　　　　发票号码：

年　　月　　日　　　　　　　　　　收料仓库：

材料名称	规格	计量单位	数量		实际成本					
			应收	实收	买价		运杂费	其他	合计	单位成本
					单价	金额				
合　计										

记账：　　　　　　　　　　　　收料：　　　　　　　　　　　　制单：

【实训 15】 3 月 30 日，对材料进行盘点，发现天麻盘盈 30 千克。天麻的市场价格为每千克 148 元。（假设经查，上述盘盈的 30 千克天麻属于计量上差错，报经领导批准，对于盘盈的天麻冲减管理费用。）需要填制的相关原始凭证如图表 13-15 所示。

▼图表 13-15　相关原始凭证▼

材料盘点报告单

年　月　日

编号	名称与类别	计量单位	实存	账存	对比结果						原因
			数量	数量	盘盈			盘亏			
					数量	单价	金额	数量	单价	金额	

盘点人签章：　　　　　　　　　　　　保管人员签章：

【要求】

（1）对上述有关天麻和党参的收、发业务，其耗用材料计价方法先采用先进先出法计算发出与结存材料成本，然后再采用加权平均法计算发出与结存材料成本。根据上述吉林省通达有限责任公司 3 月份有关材料 1～15 项经济业务的原始凭证分别填制记账凭证。

（2）登记天麻和党参的总账及明细账，分别按上述两种发出材料的计价方法登记明细账并结账。

二、材料按计划成本计价的核算

吉林省通达有限责任公司 2019 年 3 月 1 日的药材有关资料如下。

（1）天麻期初结存数量为 1 000 千克，计划价格为 160 元，“材料成本差异——天麻”贷方余额为 8 000 元。

（2）党参期初结存数量为 2 000 千克，计划价格为 15.5 元，“材料成本差异——党参”借方余额为 390 元。

沿用上述按实际成本计价的 1～10 项经济业务作为经济业务资料。

【要求】

（1）根据上述业务原始凭证填制记账凭证。

（2）对购进材料采用逐笔结转材料成本差异。

（3）对平时领用材料按计划成本结转。

（4）月末计算材料成本差异率，计算发出材料应负担的成本差异和发出材料的实际成本并编制相应的会计分录。

模块 14

往来业务会计岗位实训演练

实训目的

通过实训演练，使学生了解往来业务会计岗位的职责，了解企业结算制度及客户信用和债权、债务的确认，掌握往来业务核算及坏账的计提、确认、会计处理。

实训环境

会计模拟实验室，配有相关原始凭证、记账凭证、账簿、实物展台等。

实训要求

（1）掌握企业往来业务核算的会计处理。

（2）掌握企业往来业务核算中总账与明细账的核对。

（3）掌握坏账的计提、确认、会计处理。

实训资料

吉林省通达有限责任公司 2019 年 4 月月初有关往来款项的余额如下。

（1）应收账款总账余额为 160 000 元。其中，长春市胜利公司 70 000 元，沈阳通泰公司 40 000 元，大连市海洋公司 20 000 元，威海远洋公司 30 000 元。

（2）“坏账准备”科目贷方余额为 20 000 元（坏账准备提取率为 0.5%）。

（3）“其他应收款——业务部李林”科目借方余额为 3 000 元。

（4）“预付账款——吉林市春华医药有限公司”科目借方余额为 60 000 元。

2019 年 4 月，公司的有关业务如下。

【实训 1】4 月 2 日，收到长春市胜利公司（账号为 00012378948，开户银行为工行长春支行）价款为 70 000 元的一张转账支票（票据号码为 2236）归还货款。需要填制的相关原始凭证如图表 14-1 所示。

▼图表 14-1　相关原始凭证▼

中国农业银行进　账　单（收账通知）　3

2019 年 4 月 2 日

出票人	全　称	长春市胜利公司	收款人	全　称	吉林省通达有限责任公司
	账　号	00012378948		账　号	07150301040009988
	开户银行	工行长春支行		开户银行	农行长春双德支行
金额	人民币（大写）	柒万元整		亿千百十万千百十元角分	¥ 7 0 0 0 0 0
票据种类	支票	票据张数	1		
票据号码	#2236				
复核　记账			收款人开户银行签章		

中国农业银行长春市 双德支行 2019.04.02 转 模拟 讫

此联是收款人开户银行交给收款人的收账通知

【实训 2】4 月 3 日，销售 2 000 件中成药给沈阳通泰公司（纳税人识别号为 210102771256856，地址为沈阳市开元街 77 号，开户银行为建行沈阳市支行，账号为 000235688933），单价为 200 元，总价为 400 000 元，增值税为 52 000 元，代垫运费为 1 000 元。需要取得和填制的相关原始凭证如图表 14-2(a)、图表 14-2(b)和图表 14-2(c)所示。

▼图表 14-2(a)　相关原始凭证▼

吉林增值税专用发票

此联不作报销、扣税凭证使用

开票日期：2019 年 4 月 3 日

购买方	名　称：沈阳通泰公司 纳税人识别号：210102771256856 地 址、电 话：沈阳市开元街 77 号 开户行及账号：建行沈阳市支行 000235688933			密码区	（略）		
货物或应税劳务、服务名称	规格型号	单位	数量	单价	金额	税率	税额
*中成药*中成药		件		200.00	400 000.00	13%	52 000.00
合　计					¥400 000.00		¥52 000.00
价税合计（大写）	⊗肆拾伍万贰仟元整				（小写）¥452 000.00		
销售方	名　称：吉林省通达有限责任公司 纳税人识别号：912201012103698889 地 址、电 话：长春市南关区盛世大路 158 号 开户行及账号：农行长春双德支行 07150301040009988			备注	吉林省通达有限责任公司 912201012103698889 发票专用章		

收款人：刘颖　　复核：　　开票人：杨华　　销售方：（章）

第一联：记账联　销售方记账凭证

▼图表 14-2(b)　相关原始凭证▼

中国农业银行（吉）转账支票存根 XⅣ00012303	中国农业银行 转账支票（吉）XⅣ00012303
附加信息	出票日期（大写）　年　月　日　付款行名称：
	收款人：　出票人账号：
	本支票付款期限十天
	人民币（大写）　亿 千 百 十 万 千 百 十 元 角 分
出票日期　年　月　日	用途
收款人：	上列款项请从
金　额：	我账户内支付
用　途：	出票人签章　复核　记账
单位主管　会计	

▼图表 14-2(c)　托收凭证▼

托收凭证（受理回单）　**1**

委托日期　年　月　日

业务类型	委托收款（□ 邮划、□电划）　托收承付（□ 邮划、□ 电划）					
付款人	全　称		收款人	全　称		
	账　号			账　号		
	地　址	开户行		地　址		开户行
金额	人民币（大写）			亿 千 百 十 万 千 百 十 元 角 分		
款项内容		托收凭据名　称			附寄单证张数	
商品发运情况				合同名称号码		
备注： 复核　记账	款项收妥日期 年　月　日			收款人开户银行签章 年　月　日		

中国农业银行长春市双德支行 2019.04.03 转讫 模拟

此联是收款人开户银行给收款人的受理回单

【实训 3】4 月 6 日，收到沈阳通泰公司汇来的货款 453 000 元。需要取得的相关原始凭证如图表 14-3 所示。

▼图表 14-3　托收凭证▼

托收凭证（收账通知）　4

委托日期 2019 年 4 月 3 日　　付款期限 2019 年 4 月 6 日

业务类型	委托收款（□ 邮划、□电划）　托收承付（□ 邮划、☑ 电划）						
付款人	全　称	沈阳通泰公司		收款人	全　称	吉林省通达有限责任公司	
	账　号	000235688933			账　号	07150301040009988	
	地　址	辽宁省沈阳市	开户行：建行沈阳市支行		地　址	吉林省长春市	开户行：农行长春双德支行
金额	人民币（大写）肆拾伍万叁仟元整						亿 千 百 十 万 千 百 十 元 角 分：¥ 4 5 3 0 0 0 0 0
款项内容	销货款	托收凭据名称	发票、运单		附寄单证张数	3	
商品发运情况	货已发出				合同名称号码		
备注： 复核　　记账	上列款项已划回收入你方账户内。 收款人开户银行签章 2019 年 4 月 6 日						

中国农业银行长春市双德支行 2019.04.06 转 模拟 讫

此联是收款人开户银行给收款人的收账通知

【实训 4】4 月 10 日，从吉林市春华医药有限公司购进五味子 500 千克，单价为 200 元，总价为 100 000 元，增值税为 13 000 元，价税合计 113 000 元，货物已运到并验收入库，补付货款 53 000 元（已预付 60 000 元）。需要取得和填制的相关原始凭证如图表 14-4(a)、图表 14-4(b)和图表 14-4(c)所示。

【实训 5】4 月 15 日，业务部李林出差回来报销差旅费 3 500 元，补给现金 500 元。需要填制的相关原始凭证如图表 14-5(a)和图表 14-5(b)所示。

【实训 6】4 月 16 日，预收长春市胜利公司一张转账支票（支票号码 8069），为预收货款 1 000 000 元。需要填制的相关原始凭证如图表 14-6 所示。

【实训 7】4 月 20 日，销售给沈阳通泰公司西药 20 000 件，单价为 200 元，总价为 4 000 000 元，增值税为 520 000 元，价税合计 4 520 000 元。需要填制的相关原始凭证如图表 14-7(a)和图表 14-7(b)所示。

▼图表 14-4(a)　相关原始凭证▼

吉林增值税专用发票

开票日期：2019 年 4 月 10 日

购买方	名　　称：吉林省通达有限责任公司 纳税人识别号：91220101210369889 地 址、电 话：长春市南关区盛世大路 158 号 开户行及账号：农行长春双德支行 07150301040009988	密码区	（略）

货物或应税劳务、服务名称	规格型号	单位	数量	单价	金额	税率	税额
五味子		千克	500	200	100 000.00	13%	13 000.00
合　计					¥100 000.00		¥13 000.00
价税合计（大写）	⊗壹拾壹万叁仟元整				（小写）¥113 000.00		

销售方	名　　称：吉林市春华医药有限公司 纳税人识别号：912202236556789019 地 址、电 话：吉林市青年街 89 号 开户行及账号：建行吉林市支行 003789256701	备注	

收款人：李小海　　复核：　　开票人：申鑫悦　　销售方：（章）

第三联：发票联　购买方记账凭证

▼图表 14-4(b)　相关原始凭证▼

中国农业银行　电汇凭证（收款通知或取款收据）

☑普通　□加急　　委托日期 2019 年 4 月 10 日

汇款人	全　称	吉林省通达有限责任公司	收款人	全　称	吉林市春华医药有限公司
	账　号	07150301040009988		账　号	003789256701
	汇出地点	吉林省　长春　市/县		汇入地点	吉林省　吉林　市/县
汇出行名称		农行长春双德支行	汇入行名称		建行吉林市支行

金额	人民币（大写）	亿	千	百	十	万	千	百	十	元	角	分
	伍万叁仟元整				¥	5	3	0	0	0	0	0

汇出行盖章	支付密码 附加信息及用途： 货款 复核　　记账

中国农业银行长春市双德支行 2019.04.10 转 模拟 讫

此联是汇出行给汇款人的回单

▼图表 14-4(c)　相关原始凭证▼

收　料　单

材料科目：　　　　　　　　　　　　　　　　　　　　　　　供应单位：

材料类别：　　　　　　　　　　　　　　　　　　　　　　　发票号码：

年　月　日　　　　　　　　　收料仓库：

材料名称	规格	计量单位	数量		实际成本					
			应收	实收	买价		运杂费	其他	合计	单位成本
					单价	金额				
合　计										

记账：　　　　　　　　　　收料：　　　　　　　　　　制单：

▼图表 14-5(a)　相关原始凭证▼

费用报销单

报销部门：　　　　　　　　年　月　日　　　　填　　　　　　单据及附件共___页

<table>
<tr><td>用　　　　途</td><td>金额（元）</td><td rowspan="2">备注</td><td colspan="2" rowspan="2"></td></tr>
<tr><td></td><td></td></tr>
<tr><td></td><td></td><td rowspan="3">领导审批</td><td colspan="2" rowspan="3"></td></tr>
<tr><td></td><td></td></tr>
<tr><td>合　　　　计</td><td></td></tr>
<tr><td colspan="2">金额大写：</td><td colspan="2">原借款：</td><td>应退余款：　元</td></tr>
</table>

会计主管　　　　复核　　　　出纳　　　　报销人　　　　领款人

▼图表 14-5(b)　相关原始凭证▼

（现金）报销单

年　月　日

<table>
<tr><td colspan="2">费用类别________________________
摘　　要________________________
现金（大写）______________　¥________</td><td rowspan="2">附单据　张</td></tr>
<tr><td>备注</td><td></td></tr>
</table>

单位主管：　　　　　审核：　　　　　验证：　　　　　经办：

▼图表 14-6　相关原始凭证▼

中国农业银行进 账 单（收账通知）　3

年　月　日

出票人	全　称		收款人	全　称											
	账　号			账　号											
	开户银行			开户银行											
金额	人民币（大写）				亿	千	百	十	万	千	百	十	元	角	分
票据种类		票据张数													
票据号码															
复核　记账				收款人开户银行签章											

中国农业银行长春市双德支行 2019.04.16 转 模拟 讫

此联是收款人开户银行交给收款人的收账通知

▼图表 14-7(a)　相关原始凭证▼

吉林增值税专用发票

此联不作报销、扣税凭证使用

开票日期：　年　月　日

购买方	名　称： 纳税人识别号： 地址、电话： 开户行及账号：				密码区	（略）	
货物或应税劳务、服务名称	规格型号	单位	数量	单价	金额	税率	税额
合　计							
价税合计（大写）				（小写）¥			
销售方	名　称： 纳税人识别号： 地址、电话： 开户行及账号：				备注	吉林省通达有限责任公司 912201012103698889 发票专用章	

收款人：　　复核：　　开票人：　　销售方：（章）

第一联：记账联　销售方记账凭证

▼图表 14-7(b)　相关原始凭证▼

托收凭证（受理回单）　　1

委托日期　　年　月　日

<table>
<tr><td>业务类型</td><td colspan="16">委托收款（□ 邮划、□电划）　　托收承付（□ 邮划、□ 电划）</td></tr>
<tr><td rowspan="3">付款人</td><td>全　称</td><td colspan="3"></td><td rowspan="3">收款人</td><td>全　称</td><td colspan="10"></td></tr>
<tr><td>账　号</td><td colspan="3"></td><td>账　号</td><td colspan="10"></td></tr>
<tr><td>地　址</td><td></td><td>开户行</td><td></td><td>地　址</td><td></td><td colspan="2">开户行</td><td colspan="7"></td></tr>
<tr><td rowspan="2">金额</td><td colspan="5" rowspan="2">人民币（大写）</td><td>亿</td><td>千</td><td>百</td><td>十</td><td>万</td><td>千</td><td>百</td><td>十</td><td>元</td><td>角</td><td>分</td></tr>
<tr><td></td><td></td><td></td><td></td><td></td><td></td><td></td><td></td><td></td><td></td><td></td></tr>
<tr><td>款项内容</td><td colspan="2"></td><td>托收凭据名称</td><td colspan="4"></td><td colspan="3">附寄单证张数</td><td colspan="6"></td></tr>
<tr><td>商品发运情况</td><td colspan="6"></td><td colspan="4">合同名称号码</td><td colspan="6"></td></tr>
<tr><td colspan="3">备注：

复核　　记账</td><td colspan="3">款项收妥日期

年　月　日</td><td colspan="11">中国农业银行长春市双德支行 2019.04.20 转讫
收款人开户银行签章
年　月　日</td></tr>
</table>

此联是收款人开户银行给收款人的受理回单

【实训 8】4 月 22 日，威海远洋公司破产，其原欠吉林省通达有限责任公司的 30 000 元被确认为坏账损失。需要取得的相关原始凭证如图表 14-8 所示。

▼图表 14-8　相关原始凭证▼

关于坏账损失

公司董事会：

威海远洋公司于 2017 年欠我公司货款叁万元整，现该公司已破产，所欠债务无法收回，申请批准作为坏账处理。

备注	同意 公司董事会 2019 年 4 月 22 日（吉林省通达有限责任公司 财务专用章）

【实训 9】4 月 23 日，销售给长春市胜利公司（纳税人识别号为 912201198553007896，地址为长春市南湖大路 799 号，开户银行为工行长春支行，账号为 00012378948）通络片 5 000 件，单价为 200 元，总价款为 1 000 000 元，增值税为 130 000 元，价税合计 1 130 000 元，货款尚未收到。需要填制的相关原始凭证如图表 14-9 所示。

▼图表 14-9　相关原始凭证▼

吉林增值税专用发票

此联不作报销、扣税凭证使用

开票日期：　　年　月　日

购买方	名　　称： 纳税人识别号： 地 址、电 话： 开户行及账号：			密码区	（略）		
货物或应税劳务、服务名称	规格型号	单位	数量	单价	金额	税率	税额
合　　计							
价税合计（大写）	（小写）¥						
销售方	名　　称： 纳税人识别号： 地 址、电 话： 开户行及账号：			备注	吉林省通达有限责任公司 912201012103698889 发票专用章		

收款人：　　复核：　　开票人：　　销售方：（章）

第一联：记账联　销售方记账凭证

【实训 10】4 月 25 日，从吉林省四平市药材公司购买贝母 1 600 千克，单价为 200 元，总价款为 320 000 元，增值税为 41 600 元，货物验收入库，货款未付。需要填制和取得的相关原始凭证分别如图表 14-10(a)和图表 14-10(b)所示。

▼图表 14-10(a)　相关原始凭证▼

吉林增值税专用发票

开票日期：2019 年 4 月 25 日

购买方	名　　称：吉林省通达有限责任公司 纳税人识别号：912201012103698889 地 址、电 话：长春市南关区盛世大路 158 号 开户行及账号：农行长春双德支行 07150301040009988				密码区	（略）	
货物或应税劳务、服务名称	规格型号	单位	数量	单价	金额	税率	税额
*中草药材*贝母		千克	1 600	200	320 000.00	13%	41 600.00
合　　计					¥320 000.00		¥41 600.00
价税合计（大写）	⊗叁拾陆万壹仟陆佰元整				（小写）¥361 600.00		
销售方	名　　称：吉林省四平市药材公司 纳税人识别号：912203113502123678 地 址、电 话：四平市保安大街 59 号 开户行及账号：工行四平支行 003654789666				备注	吉林省四平市药材公司 912203113502123678 发票专用章	

第三联：发票联　购买方记账凭证

收款人：张璐　　　复核：　　　开票人：申鑫悦　　　销售方：（章）

▼图表 14-10(b)　相关原始凭证▼

收　料　单

材料科目：　　　　　　　　　　　　供应单位：

材料类别：　　　　　　　　　　　　发票号码：

年　月　日　　　　　　　　　　　　收料仓库：

材料名称	规格	计量单位	数量		实际成本					
			应收	实收	买价		运杂费	其他	合计	单位成本
					单价	金额				
合　计										

记账：　　　　　　　　收料：　　　　　　　　制单：

【实训 11】4 月 27 日，销售给长春市顺风医药公司（纳税人识别号为 912201012983575315，开户银行为建行长春市支行，账号为 000123654792，地址为长春市前进大街 199 号）脑心康片 300 件，单价为 2 000 元，总价款为 600 000 元，增值税为 78 000 元，价税合计 678 000 元，以商业承兑汇票结算货款。需要填制的相关原始凭证如图表 14-11(a)和图表 14-11(b)所示。

▼图表 14-11(a)　相关原始凭证▼

吉林增值税专用发票

国家税务总局

此联不作报销、扣税凭证使用

开票日期：　　年　月　日

购买方	名　　称： 纳税人识别号： 地 址、电 话： 开户行及账号：				密码区	（略）	
货物或应税劳务、服务名称	规格型号	单位	数量	单价	金额	税率	税额
合　　计							
价税合计（大写）	（小写）¥						
销售方	名　　称： 纳税人识别号： 地 址、电 话： 开户行及账号：				备注	吉林省通达有限责任公司 912201012103698889 发票专用章	

第一联：记账联　销售方记账凭证

收款人：　　复核：　　开票人：　　销售方：（章）

▼图表 14-11(a)　商业承兑汇票（存根）▼

商业承兑汇票（存根）　3

出票日期（大写）　年　月　日　　汇票号码

付款人	全　称		收款人	全　称	
	账　号			账　号	
	开户银行			开户银行	
出票金额	人民币（大写）				亿 千 百 十 万 千 百 十 元 角 分
汇票到期日（大写）		付款人开户行	行号		
交易合同号码			地址		
出票人签章		备注：			

此联由出票人留存

【实训 12】4 月 28 日，从河北省唐山宏光医药公司购买天麻 200 千克，单价为 150 元，货款总计 30 000 元，增值税为 3 900 元，价税合计 33 900 元，开出银行承兑汇票，货物验收入库。需要取得和填制的相关原始凭证如图表 14-12(a)、图表 14-12(b)和图表 14-12(c)所示。

▼图表 14-12(a)　相关原始凭证▼

河北增值税专用发票

国家税务总局 河北省税务局

开票日期：2019 年 4 月 28 日

购买方	名　　称：吉林省通达有限责任公司 纳税人识别号：912201012103698889 地 址、电 话：长春市南关区盛世大路 158 号 开户行及账号：农行长春双德支行 07150301040009988				密码区	（略）		
货物或应税劳务、服务名称	规格型号	单位	数量	单价	金额	税率	税额	
*中草药材*天麻		千克	200	150.00	30 000.00	13%	3 900.00	
合　　计					¥30 000.00		¥3 900.00	
价税合计（大写）	⊗叁万叁仟玖佰元整				（小写）¥33 900.00			
销售方	名　　称：河北省唐山宏光医药公司 纳税人识别号：911302201484790635 地 址、电 话：唐山市胜利路 116 号 开户行及账号：工行唐山支行 004558678011				备注	河北省唐山宏光医药公司 911302201484790635 发票专用章		

第三联：发票联　购买方记账凭证

收款人：侯丽丽　　　复核：　　　开票人：唐宁宇　　　销售方：（章）

▼图表 14-12(b)　相关原始凭证▼

收　料　单

材料科目：　　　　　　　　　　　　　　供应单位：

材料类别：　　　　　　　　　　　　　　发票号码：

年　月　日　　　　　　　　　　　　　　收料仓库：

材料名称	规格	计量单位	数量		实际成本					
			应收	实收	买价		运杂费	其他	合计	单位成本
					单价	金额				
合　计										

记账：　　　　　　　收料：　　　　　　　制单：

▼图表 14-12(c) 相关原始凭证▼

银行承兑汇票（存 根） 3

出票日期（大写） 贰零壹玖年肆月贰拾捌日　　　　汇票号码

出票人全称	吉林省通达有限责任公司	收款人	全　称	河北省唐山宏光医药公司
出票人账号	07150301040009988		账　号	004558678011
付款行全称	农行长春双德支行		开户银行	工行唐山市支行

出票金额	人民币（大写） 叁万叁仟玖佰元整	亿	千	百	十	万	千	百	十	元	角	分
					¥	3	3	9	0	0	0	0

汇票到期日（大写）	贰零壹玖年柒月贰拾捌日	付款行	行号	农行长春双德支行 07150301040009988
承兑协议编号			地址	
本汇票请你行承兑，此项汇票款我单位按承兑协议于到期日前足额交存你行，到期请予以支付。 财务专用章　出票人签章	备注：		复核　　记账	

此联由出票人存查

【实训 13】4 月 30 日，从长春市机械制造公司购进 2 台粉碎机，总价为 1 200 000 元，增值税为 156 000 元，价税合计为 1 356 000 元，开出商业承兑汇票，期限为 60 天。需要取得和填制的相关原始凭证如图表 14-13(a)、图表 14-13(b)和图表 14-13(c)所示。

▼图表 14-13(a) 相关原始凭证▼

商业承兑汇票（卡片） 1

出票日期（大写）　　　　汇票号码

付款人	全　称		收款人	全　称	
	账　号			账　号	
	开户银行			开户银行	

出票金额	人民币（大写）	亿	千	百	十	万	千	百	十	元	角	分

汇票到期日（大写）		付款人开户行	行号	
交易合同号码			地址	
出票人签章	备注：			

▼图表 14-13(b) 相关原始凭证▼

固定资产入库单

年 月 日 字第 号

编号	名称	规格	单位	应收数量	实收数量	单价	金额 百	十	万	千	百	十	元	角	分	供应单位名称

会计 仓库主管 保管 验收 采购

▼图表 14-13(c) 相关原始凭证▼

吉林增值税专用发票

国家税务总局 吉林省税务局

开票日期：2019 年 4 月 30 日

购买方	名　　称：吉林省通达有限责任公司 纳税人识别号：912201012103698889 地 址、电 话：长春市南关区盛世大路 158 号 开户行及账号：农行长春双德支行 07150301040009988				密码区	（略）	
货物或应税劳务、服务名称	规格型号	单位	数量	单价	金额	税率	税额
*复印胶版印制设备*粉碎机		台	2	600 000.00	1 200 000.00	13%	156 000.00
合　　计					¥1 200 000.00		¥156 000.00
价税合计（大写）	⊗壹佰叁拾伍万陆仟元整				（小写）¥1 356 000.00		
销售方	名　　称：长春市机械制造公司 纳税人识别号：912201023658974126 地 址、电 话：长春市新民路 238 号 开户行及账号：工行长春支行 000999654123				备注	长春市机械制造公司 912201023658974126 发票专用章	

第三联：发票联 购买方记账凭证

收款人：孙军 复核： 开票人：金新欣 销售方：（章）

【实训 14】 4 月 30 日，购进打印机 2 台，每台 3 500 元，买价 7 000 元，增值税 910 元，价款暂欠。需要填制和取得的相关原始凭证分别如图表 14-14(a)和图表 14-14(b)所示。

【实训 15】 4 月 31 日，按应收账款的 0.5%计提坏账准备。需要填制的相关原始凭证如图表 14-15 所示。

▼图表 14-14(a)　相关原始凭证▼

吉林增值税专用发票

开票日期：2019 年 4 月 30 日

购买方	名　　称：吉林省通达有限责任公司 纳税人识别号：912201012103698889 地 址、电 话：长春市南关区盛世大路 158 号 开户行及账号：农行长春双德支行 07150301040009988	密码区	（略）

货物或应税劳务、服务名称	规格型号	单位	数量	单价	金额	税率	税额
*计算机外部设备*打印机		台	2	3 500.00	7 000.00	13%	910.00
合　　计					¥7 000.00		¥910.00
价税合计（大写）	⊗柒仟玖佰壹拾元整			（小写）¥7 910.00			

销售方	名　　称：长春市峰华科技有限公司 纳税人识别号：912201013242610954 地 址、电 话：长春市临河街 56 号 开户行及账号：中行长春支行 000242424335	备注	

收款人：霍玲玲　　复核：　　开票人：刘坚　　销售方：（章）

第三联：发票联　购买方记账凭证

▼图表 14-14(b)　相关原始凭证▼

固定资产入库单

年　　月　　日　　　　字第　　号

编号	名称	规格	单位	应收数量	实收数量	单价	金额									供应单位名称
							百	十	万	千	百	十	元	角	分	

会计　　仓库主管　　保管　　验收　　采购

▼图表 14-15　相关原始凭证▼

坏账准备计算表

年　月　日

项　目	金　额
期初应收账款余额	
期末应收账款余额	
期初坏账准备余额（贷方）	
本期发生坏账	
本期收回坏账	
期末坏账准备余额	
本期应计提坏账准备	

模块 15

职工薪酬会计岗位实训演练

实训目的

通过实训演练，使学生了解工资总额的构成、计时工资与计件工资的计算，掌握应付工资与实发工资的计算，掌握工资核算的方法，掌握工资结算表和工资费用分配表的编制，掌握职工福利费、工会经费、职工教育经费计提与使用的会计处理，掌握工资提取、发放、代扣款项的会计处理。

实训环境

会计模拟实验室，配有相关原始凭证、记账凭证、自制表单、实物展台等。

实训要求

（1）计算工资结算汇总表中的应付工资、代扣款项、实发工资，并填入表中。
（2）根据表中的工资总额计提工会经费、职工教育经费并进行会计处理。
（3）根据预计的职工福利费进行会计处理。
（4）根据实发工资额填写现金支票，并进行提取现金、发放工资的会计处理。
（5）进行工资分配的核算。
（6）掌握计时工资的计算。

实训资料

吉林省通达有限责任公司在2019年1月份假设发生的有关工资的经济业务如下。

一、练习计时工资的计算

办公室文员李立先，工龄为10年，月工资标准为2 250元。1月份出勤18天；

病假为 3 天（其中有两天是双休日），其病假工资按基本工资的 90%计算；事假为 1 天。综合奖金为 500 元，副食补贴为 130 元，代扣其他款项为 165 元。

【要求】采用月薪制分别按每月工作日 20.83 天和 30 天计算应付和实发给李立先的工资。

二、练习应付职工薪酬的核算

【实训 1】编制吉林省通达有限责任公司 1 月份的工资结算汇总表如图表 15-1 所示。

▼图表 15-1　相关原始凭证▼

工资结算汇总表

2019 年 1 月 28 日　　　　单位：元

车间部门	人员类别	应付职工薪酬					代扣款项			实发工资
		标准工资	各种奖金	各种津贴	缺勤扣款	合计	三险一金	个人所得税	合计	
基本生产车间	生产工人	169 000	16 000	8 700	3 200		37 180	4 200		
	管理人员	26 000	3 000	1 600	750		5 720	512.2		
辅助生产车间	生产工人	19 600	1 250	860	140		4 312	126.8		
	管理人员	8 500	700	300			1 870			
行政管理部门	管理人员	45 800	4 000	1 980	380		10 076	625		
福利部门	福利人员	5 900	800	200			1 298			
销售部门	销售人员	46 000	9 000	1 680	280		10 120	1 015		
长病假人员		6 300					1 386			
合　计										

主管：　　　　复核：　　　　制表：

【实训 2】根据工资结算汇总表中的应付工资总额计提工会经费并进行分配和会计处理，需要填写的相关原始凭证如图表 15-2 所示。

▼图表 15-2　相关原始凭证▼

工会经费计算分配表

年　月　日

人员类别	计提基数	计提比例	提取金额	备注
基本生产车间生产工人		2%		
基本生产车间管理人员		2%		
辅助生产车间生产工人		2%		
辅助生产车间管理人员		2%		
行政管理人员		2%		
福利部门人员		2%		
销售人员		2%		
长病假人员		2%		
合　计				

审核：　　　　　　　　　　　　制表：

【实训 3】根据工资结算汇总表中的应付工资总额计提职工教育经费并进行会计处理，相关原始凭证如图表 15-3 所示。

▼图表 15-3　相关原始凭证▼

职工教育经费计算分配表

年　月　日

人员类别	计提基数	计提比例	提取金额	备注
基本生产车间生产工人		8%		
基本生产车间管理人员		8%		
辅助生产车间生产工人		8%		
辅助生产车间管理人员		8%		
行政管理人员		8%		
福利部门人员		8%		
销售人员		8%		
长病假人员		8%		
合　计				

审核：　　　　　　　　　　　　制表：

【实训 4】根据工资结算汇总表编制工资费用分配汇总表，如图表 15-4 所示。

▼图表 15-4 相关原始凭证▼

工资费用分配汇总表

年 月 日

应分配工资 / 人员类别 / 应借科目	基本生产车间生产工人	基本生产车间管理人员	辅助生产车间生产工人	辅助生产车间管理人员	行政管理人员	福利部门人员	销售人员	长病假人员	合 计
生产成本——基本生产成本									
生产成本——辅助生产成本									
制造费用									
管理费用									
应付职工薪酬									
销售费用									
合 计									

审核： 制表：

【实训 5】1 月 28 日，根据工资结算汇总表中的实发工资签发现金支票提取现金发放工资，本题同模块 11【实训 16】(略)。

【实训 6】1 月 31 日，签发支票支付职工误餐补助 18 000 元。取得和需要填制的相关原始凭证如图表 15-5(a)和图表 15-5(b)所示。

▼图表 15-5(a)　相关原始凭证▼

吉林增值税普通发票

开票日期：2019 年 1 月 31 日

购买方	名　　称：吉林省通达有限责任公司 纳税人识别号：912201012103698889 地 址、电 话：长春市南关区盛世大路 158 号 开户行及账号：农行长春双德支行 07150301040009988	密码区	（略）

货物或应税劳务、服务名称	规格型号	单位	数量	单价	金额	税率	税额
*餐饮服务*误餐补助		次	1	16 981.13	16 981.13	6%	1 018.87
合　计					¥16 981.13		¥1 018.87
价税合计（大写）	⊗壹万捌仟元整				（小写）¥18 000.00		

销售方	名　　称：长春市丰盈餐饮连锁饭店 纳税人识别号：912201170352401616 地 址、电 话：长春市朝阳区硅谷大街 69 号 开户行及账号：建行长春绿园支行 6222323601488466458	备注	长春市丰盈餐饮连锁饭店 912201170352401616 发票专用章

收款人：毕晓梅　　复核：　　开票人：卢军　　销售方：（章）

第二联：发票联　购买方记账凭证

▼图表 15-5(b)　相关原始凭证▼

中国农业银行（吉）
转账支票存根
XVI00012307

附加信息

签发日期　2019 年 1 月 31 日

收款人：	长春市丰盈餐饮连锁饭店
金　额：	¥18 000.00
用　途：	支付误餐补助

单位主管　　会计

【实训 7】1 月 31 日，公司因工会活动购买奖品，会计开出一张转账支票支付奖品款。需要取得和填制的相关原始凭证分别如图表 15-6(a)和图表 15-6(b)所示。

▼图表 15-6(a)　相关原始凭证▼

吉林增值税专用发票

国家税务总局 吉林省税务局

开票日期：2019 年 1 月 31 日

购买方	名　　称：吉林省通达有限责任公司 纳税人识别号：912201012103698889 地 址、电 话：长春市南关区盛世大路 158 号 开户行及账号：农行长春双德支行 07150301040009988			密码区	（略）		
货物或应税劳务、服务名称	规格型号	单位	数量	单价	金额	税率	税额
*美容护肤品*洗发露		瓶	100	55.00	5 500.00	16%	880.00
*美容护肤品*护发液		瓶	100	46.00	4 600.00	16%	736.00
合　　计					¥10 100.00		¥1 616.00
价税合计（大写）	⊗壹万壹仟柒佰壹拾陆元整				（小写）¥11 716.00		
销售方	名　　称：长春市第一百货商店 纳税人识别号：912201601458653367 地 址、电 话：长春市宽城区西四马路 855 号 开户行及账号：建行朝阳区支行 62228252146988747			备注	长春市第一百货商店 912201601458653367 发票专用章		

第三联：发票联 购买方记账凭证

收款人：董岩　　　复核：　　　开票人：刘立郡　　　销售方：（章）

▼图表 15-6(b)　相关原始凭证▼

存根	支票
中国农业银行（吉） 转账支票存根 XⅣ00000008 附加信息 出票日期　年　月　日 收款人： 金　额： 用　途： 单位主管　　会计	中国农业银行　转账支票（吉）　XⅣ00000008 出票日期（大写）　年　月　日　付款行名称： 收款人：　　出票人账号： 本支票付款期限十天 人民币（大写）　亿 千 百 十 万 千 百 十 元 角 分 用途＿＿＿＿ 上列款项请从 我账户内支付 出票人签章　　　复核　　记账

【实训 8】1 月 31 日，以现金支付职工培训费 9 450 元。需要填制的相关原始凭证如图表 15-7(a)和图表 15-7(b)所示。

▼图表 15-7(a)　相关原始凭证▼

（　　　）报销单

年　月　日

费用类别________________ 摘　　要________________ 现金（大写）____________　¥______	
备注	

附单据　张

单位主管：　　　　审核：　　　　验证：　　　　经办：

▼图表 15-7(b)　相关原始凭证▼

吉林增值税专用发票

开票日期：2019 年 1 月 31 日

购买方	名　　称：吉林省通达有限责任公司 纳税人识别号：912201012103698889 地 址、电 话：长春市南关区盛世大路 158 号 开户行及账号：农行长春双德支行 07150301040009988			密码区	（略）		
货物或应税劳务、服务名称	规格型号	单位	数量	单价	金额	税率	税额
*生活服务*培训费		次	1	8915.09	8915.09	6%	534.91
合　　计					¥8915.09		¥534.91
价税合计（大写）	⊗ 玖仟肆佰伍拾元整				（小写）¥9450.00		
销售方	名　　称：长春市人力资源和社会保障局 纳税人识别号：912201016451215566 地 址、电 话：长春市西民主大街 809 号 开户行及账号：建行长春绿园支行 6222365017288456078			备注	长春市人力资源和社会保障局 912201016451215566 发票专用章		

收款人：王平　　　　复核：　　　　开票人：于立红　　　　销售方：（章）

第三联：发票联　购买方记账凭证

【实训 9】1 月 31 日，公司以自产产品作为福利发放给职工，发放中成药 40 箱，其公允价值为每箱 1 000 元，共计 40 000 元，增值税税率为 16%，每箱单位成本为 550 元，共计 22 000 元。需要填制的相关原始凭证如图表 15-8(a)和图表 15-8(b)所示。

▼图表 15-8(a)　相关原始凭证▼

吉林增值税专用发票

此联不作报销、扣税凭证使用

开票日期：2019 年 1 月 31 日

购买方	名　　称：吉林省通达有限责任公司 纳税人识别号：912201012103698889 地 址、电 话：长春市南关区盛世大路 158 号 开户行及账号：农行长春双德支行 07150301040009988			密码区	（略）		
货物或应税劳务、服务名称	规格型号	单位	数量	单价	金额	税率	税额
*中成药*中成药		箱	40	1 000.00	40 000.00	16%	6 400.00
合　　计					¥40 000.00		¥6 400.00
价税合计（大写）	⊗肆万陆仟肆佰元整				（小写）¥46 400.00		
销售方	名　　称：吉林省通达有限责任公司 纳税人识别号：912201012103698889 地 址、电 话：长春市南关区盛世大路 158 号 开户行及账号：农行长春双德支行 07150301040009988			备注	吉林省通达有限责任公司 912201012103698889 发票专用章		

收款人：　　　　复核：　　　　开票人：杨华　　　　销售方：（章）

第一联：记账联　销售方记账凭证

▼图表 15-8(b)　相关原始凭证▼

产 品 出 库 单

年　月　日

仓库名称	品 名	单位	数量	单价	金额	备注

存根

主管：　　　　记账：　　　　制单：

【实训 10】 1 月 31 日，归集本月职工福利费的实际发生数额，按工资比例进行分配。需要填制的相关原始凭证如图表 15-9 所示。

▼图表 15-9　相关原始凭证▼

职工福利费计算分配表

年　月　日

人员类别	应付工资	分配率	分配金额
基本生产车间生产工人	190 500		
基本生产车间管理人员	29 850		
辅助生产车间生产工人	21 570		
辅助生产车间管理人员	9 500		
行政管理人员	51 400		
福利部门人员	6 900		
销售人员	56 400		
长病假人员	6 300		
合　计	372 420		42 990

注意

《企业所得税法实施条例》第四十条规定，企业发生的职工福利费支出，不超过工资、薪金总额 14%的部分，准予扣除。从新《企业所得税法》与《企业所得税法实施条例》相关规定可知，对工资薪金、福利费均采取了据实列支的做法。在新的税法和会计制度下福利费都规定据实扣除，二者保持了一致。因此，本公司按应付工资总额 372 420 元的 14%计算得 52 138.8 元，本公司本月实际发生福利费在工资总额的 14%以内，可以据实在税前扣除，无须调整。

模块 16

固定资产会计岗位实训演练

实训目的

通过固定资产会计岗位实训演练，使学生明确固定资产增加、减少的核算和折旧计提的核算方法，掌握不同途径固定资产增加的会计处理、不同方式固定资产减少的会计处理、采用不同方法计提固定资产折旧及其相应的会计处理，能够熟练审核原始凭证并根据审核无误的原始凭证填制记账凭证，并能登记固定资产明细账。

实训环境

会计模拟实验室，配有相关原始凭证、记账凭证、账簿、实物展台等。

实训要求

（1）进行固定资产分类和计价，对固定资产进行分类编号，设立固定资产明细卡片。

（2）掌握固定资产增、减的核算，根据会计凭证登记固定资产明细账。

（3）进行固定资产折旧的核算，包括固定资产折旧率的计算、固定资产折旧的计算、编制固定资产折旧计算表。

（4）了解固定资产清查方法，编制固定资产盘盈、盘亏报告单。

（5）正确核算在建工程成本，严格审核在建工程支出，及时进行会计处理。

实训资料

吉林省通达有限责任公司在 2018 年 1 月份发生如下有关固定资产的经济业务。

【实训 1】1 月 5 日，该公司从长春市振发有限责任公司购入一台不需要安装的设备，支付买价 200 000 元，增值税 34 000 元，收到收款方开出为期 3 个月的商业汇票支付货款，并开出转账支票支付购入设备的运输费。其取得和填制的相关原始

凭证如图表 16-1(a)、图表 16-1(b)、图表 16-1(c)、图表 16-1(d)、图表 16-1(e)所示。

▼图表 16-1(a) 相关原始凭证▼

吉林省增值税专用发票

发票联

开票日期：2018 年 1 月 5 日

购买方	名　　称：吉林省通达有限责任公司 纳税人识别号：912201012103698889 地 址、电 话：长春市南关区盛世大路 158 号 开户行及账号：农行长春双德支行 07150301040009988	密码区	（略）

货物或应税劳务、服务名称	规格型号	单位	数量	单价	金额	税率	税额
*通用设备*制药设备		台	1	200 000.00	200 000.00	17%	34 000.00
合　计					¥200 000.00		¥34 000.00
价税合计（大写）	⊗贰拾叁万肆仟元整			（小写）¥234 000.00			

销售方	名　　称：长春市振发有限责任公司 纳税人识别号：912201628589365405 地 址、电 话：长春市桂林路 234 号 开户行及账号：中行长春支行 000467868701	备注	长春市振发有限责任公司 912201628589365405 发票专用章

收款人：黄玲　　复核：　　开票人：李逵　　销售方：（章）

第三联：发票联　购买方记账凭证

▼图表 16-1(b) 相关原始凭证▼

吉林省增值税专用发票

发票联

开票日期：2018 年 1 月 5 日

购买方	名　　称：吉林省通达有限责任公司 纳税人识别号：912201012103698889 地 址、电 话：长春市南关区盛世大路 158 号 开户行及账号：农行长春双德支行 07150301040009988	密码区	（略）

货物或应税劳务、服务名称	规格型号	单位	数量	单价	金额	税率	税额
*运输服务*运输费		次	1	1 380.00	1 380.00	11%	151.80
合　计					¥1 380.00		¥151.80
价税合计（大写）	⊗壹仟伍佰叁拾壹元捌角整			（小写）¥1 531.80			

销售方	名　　称：长春市广发物流公司 纳税人识别号：912201362052107886 地 址、电 话：保定市安国市六九区新发路 56 号 开户行及账号：中行高新支行 100666424335	备注	长春市广发物流公司 912201362052107886 发票专用章

收款人：杨柳　　复核：　　开票人：孙春娇　　销售方：（章）

第三联：发票联　购买方记账凭证

▼图表 16-1(c)　相关原始凭证▼

商业承兑汇票（存根）　　3

出票日期（大写）　贰零壹捌年零壹月零伍日　　　　汇票号码

付款人	全　称	吉林省通达有限责任公司	收款人	全　称	长春市振发有限责任公司
	账　号	07150301040009988		账　号	000467868701
	开户银行	农行长春双德支行		开户银行	中行长春支行

出票金额	人民币（大写）贰拾叁万肆仟元整	亿	千	百	十	万	千	百	十	元	角	分
				¥	2	3	4	0	0	0	0	0

汇票到期日（大写）	贰零壹捌年肆月零伍日	付款人开户行	行号	
交易合同号码			地址	
吉林省通达有限责任公司 财务专用章 出票人签章		备注：		

此联由出票人留存

▼图表 16-1(d)　相关原始凭证▼

存根	支票
中国农业银行（吉） 转账支票存根 XIV00021539 附加信息 出票日期　　年　月　日 收款人： 金　额： 用　途： 单位主管　　　会计	**中国农业银行　转账支票（吉）　XIV00021539** 出票日期（大写）　　年　月　日　付款行名称： 收款人：　　　　出票人账号： 本支票付款期限十天 人民币（大写）　亿 千 百 十 万 千 百 十 元 角 分 用途________ 上列款项请从 我账户内支付 出票人签章　　　复核　　　记账

▼图表 16-1(e)　相关原始凭证▼

固定资产入账单

年　月　日

名称及规格	数量	单位	买价	运费	安装费	金额	备注
验收部门：							

会计：　　　　　　　　　　　　　　　　制单：

注意

2018 年 4 月 4 日财政部和国家税务总局发布《关于调整增值税税率的通知》(财税〔2018〕32 号)：纳税人发生增值税应税销售行为或者进口货物，原适用 17%和 11%税率的，税率分别调整为 16%和 10%。因此，在这之前，增值税税率适用原税率。

【实训 2】 1 月 8 日，从沈阳市安顺有限公司（开户银行为中行沈阳支行，账号为 000667868701）购入一台需要安装的生产用机器设备，发票上注明价款为 400 000 元，增值税 68 000 元，运输费及增值税 5 550 元，以电汇方式支付全部价款。其取得和填制的相关原始凭证如图表 16-2(a)、图表 16-2(b)和图表 16-3(c)所示。

▼图表 16-2(a)　相关原始凭证▼

辽宁省增值税专用发票

发票联

开票日期：2018 年 1 月 8 日

购买方	名　　称：吉林省通达有限责任公司 纳税人识别号：912201012103698889 地 址、电 话：长春市南关区盛世大路 158 号 开户行及账号：农行长春双德支行 07150301040009988	密码区	（略）

货物或应税劳务、服务名称	规格型号	单位	数量	单价	金额	税率	税额
*通用设备*制药设备		台	1	400 000.00	400 000.00	17%	68 000.00
合　　计					¥400 000.00		¥68 000.00
价税合计（大写）	⊗肆拾陆万捌仟元整				（小写）¥468 000.00		

销售方	名　　称：沈阳市安顺有限公司 纳税人识别号：912101589357305433 地 址、电 话：沈阳市五爱街 97 号 开户行及账号：中行沈阳支行 000667868701	备注	沈阳市安顺有限公司 912101589357305433 发票专用章

收款人：　　　　　复核：　　　　　开票人：陈志立　　　　　销售方：（章）

第三联：发票联　购买方记账凭证

▼图表 16-2(b)　相关原始凭证▼

辽宁省增值税专用发票

发票联

开票日期：2018 年 1 月 5 日

购买方	名　　称：吉林省通达有限责任公司 纳税人识别号：912201012103698889 地 址、电 话：长春市南关区盛世大路 158 号 开户行及账号：农行长春双德支行 07150301040009988	密码区	（略）

货物或应税劳务、服务名称	规格型号	单位	数量	单价	金额	税率	税额
*运输服务*运输费		次	1	5 000.00	5 000.00	11%	550.00
合　计					¥5 000.00		¥550.00
价税合计（大写）	⊗伍仟伍佰伍拾元整				（小写）¥5 550.00		
销售方	名　　称：沈阳市路发运输公司 纳税人识别号：912101554109807357 地 址、电 话：沈阳市和平区大华路 112 号 开户行及账号：中行沈阳和平支行 100666424335			备注	沈阳市路发运输公司 912101554109807357 发票专用章		

收款人：　　复核：　　开票人：杜明明　　销售方：（章）

第三联：发票联　购买方记账凭证

▼图表 16-2(c)　相关原始凭证▼

中国农业银行　电汇凭证（回　单）　1

☑普通　　☐加急　　委托日期　　年　月　日

汇款人	全　称		收款人	全　称	
	账　号			账　号	
	汇出地点	省　　市/县		汇入地点	省　　市/县
汇出行名称			汇入行名称		

金额	人民币（大写）	亿	千	百	十	万	千	百	十	元	角	分

汇出行盖章	支付密码	
	附加信息及用途： 复核　　记账	

【实训 3】1 月 9 日，安装设备时，领用公司原材料甲材料 4 000 千克，单价为 15 元，价值为 60 000 元，购进原材料时支付增值税进项税额 10 200 元。需要填制的相关原始凭证如图表 16-3 所示。

▼图表 16-3　相关原始凭证▼

领　料　单

年　月　日　　字第　号

材料编号		材料名称		规格		数量										
计量单位		单价		金额	亿	千	百	十	万	千	百	十	元	角	分	
用途及摘要																
仓库意见		领料人														

【实训 4】1 月 9 日，安装设备时，公司从一仓库领用本公司所生产的 A 产品 2 000 千克，其成本为 80 000 元，计税价格为 100　000 元，增值税税率为 17%，核算安装工人工资为 7 200 元（生产工时为 12 000 工时，每工时为 0.6 元）。需要填制的相关原始凭证如图表 16-4(a)、图表 16-4(b)和图表 16-4(c)所示。

▼图表 16-4(a)　相关原始凭证▼

吉林省增值税专用发票

记　账　联

开票日期：　年　月　日

购买方	名　称： 纳税人识别号： 地 址、电 话： 开户行及账号：				密码区	（略）		
货物或应税劳务、服务名称		规格型号	单位	数量	单价	金额	税率	税额
合　计								
价税合计（大写）						（小写）¥		
销售方	名　称： 纳税人识别号： 地 址、电 话： 开户行及账号：				备注	吉林省通达有限责任公司 912201012103698889 发票专用章		

第一联：记账联　销售方记账凭证

收款人：　　复核：　　开票人：　　销售方：（章）

▼图表 16-4(b)　相关原始凭证▼

产品出库单

年　月　日

仓库名称	品 名	单位	数量	单价	金额	备注

存根

▼图表 16-4(c)　相关原始凭证▼

工资费用分配表

年　月　日

项目	生产工时	分配率（元/工时）	应分配金额（元）	备注
合　计	人民币（大写）			

主管：　　　　　　　　　　制单：

【实训 5】上述安装设备达到预定可使用状态，计算并结转其完工成本并填写入账单。需要填制的相关原始凭证如图表 16-5 所示。

▼图表 16-5　相关原始凭证▼

固定资产入账单

年　月　日

名称及规格	数量	单位	买价	运费	安装费	金额	备注
验收部门：							

会计：　　　　　　　　　　制单：

【实训 6】1 月 24 日，公司将有一台被新科技淘汰的设备提前报废，该设备的账面原值为 80 000 元，已提折旧 60 000 元。报废时残料销售给长春市制药厂（开户银行为建行长春支行，账号为 000355567687），收入 10 000 元存入银行，另以现金支付报废清理费 800 元。需要填制的相关原始凭证如图表 16-6(a)、图表 16-6(b)和图表 16-6(c)所示。

▼图表 16-6(a)　相关原始凭证▼

固定资产报废单

年　月　日

名称及型号	单位	数量	原始价值	已提折旧	净值	清理费	残值收入
报废原因：				处理意见：			

第二联　记账联

单位：（公章）　　主管：　　会计：

▼图表 16-6(b)　相关原始凭证▼（省略自行填写）

中国农业银行进 账 单（收账通知）　3

2018 年 1 月 24 日

出票人	全　称	长春市制药厂	收款人	全　称	吉林省通达有限责任公司
	账　号	000355567687		账　号	07150301040009988
	开户银行	建行长春支行		开户银行	农行长春双德支行

金额	人民币（大写）	壹万元整	亿	千	百	十	万	千	百	十	元	角	分
						¥	1	0	0	0	0	0	0

票据种类	支票	票据张数	1
票据号码	3067		
复核　记账			

中国农业银行长春市双德支行
2018.01.24
转
模拟
讫

收款人开户银行签章

此联是收款人开户银行交给收款人的收账通知

▼图表 16-6(c)　相关原始凭证▼

现金支出凭单

附件　张　　　　年　月　日　　　　第　号

用款

事项：＿＿＿＿＿＿＿＿＿＿＿＿＿＿＿＿

人民币

（大写）：＿＿＿＿＿＿＿＿＿＿＿＿＿＿¥＿＿＿＿＿＿

收款人	主管人员	会计人员	出纳员付讫
（签章）	（签章）	（签章）	（签章）

【实训 7】1 月 25 日，公司有一仓库因遭遇洪水而毁损，原值为 200 000 元，已提折旧为 160 000 元，已入库的残料为 500 千克，单价为 100 元，共计 50 000 元，开出转账支票支付清理费 3 000 元，经保险公司确定赔偿损失额 20 000 元，款项尚未收到。需要填制和取得的相关原始凭证如图表 16-7(a)、图表 16-7(b)、图表 16-7(c)、图表 16-7(d)和图表 16-7(e)所示。

▼图表 16-7(a)　相关原始凭证▼

固定资产报废单

年　月　日

名称及型号	单位	数量	原始价值	已提折旧	净值	清理费	残值收入
报废原因：				处理意见：			

第二联　记账联

单位：（公章）　　　　主管：　　　　会计：

▼图表 16-7(b)　相关原始凭证▼

支　出　凭　单

年　月　日

兹　　因＿＿＿＿＿＿＿＿＿＿＿＿＿＿＿＿

付给（收款人）＿＿＿＿＿＿＿＿＿＿＿＿＿＿＿＿

人民币（大写）＿＿＿＿＿＿＿＿＿＿＿＿¥＿＿＿＿

批　准　人　　　　　　领　收　人

会计主管人　　　　　　经　手　人

▼图表 16-7(c) 相关原始凭证▼

中国农业银行（吉）
转账支票存根
XⅥ000000015
附加信息

出票日期 2018 年 1 月 25 日

收款人：	清理部门
金 额：	¥3 000.00
用 途：	支付清理费

单位主管 会计

▼图表 16-7(d) 相关原始凭证▼

材 料 入 库 单

供货单位： 年 月 日

品 名	规 格	单位	总个数	单位重量	总重量	单价	金 额

主管： 验收： 采购：

▼图表 16-7(e) 相关原始凭证▼

欠 据

字第 7 号

2018 年 1 月 25 日，吉林省通达有限责任公司仓库因洪水毁损，经确认损失额赔偿保险金贰万元整，暂缓支付，今补欠条，作为凭证。

长春市太平洋保险公司 财务专用章

(单位盖章)

2018 年 1 月 25 日

【实训 8】1 月末，公司有一仓库，原值为 5 000 000 元，预计使用 20 年，预计净残值率为 2%，采用直线法计算年折旧额、月折旧额。自行计算固定资产折旧，填制固定资产折旧计算表如图表 16-8 所示。

▼图表 16-8　相关原始凭证▼

固定资产折旧计算表

年　月　日　　　　　　　　　　　　　　　　　单位：元

部门	项目	原值	净残值率	应提年折旧额	应提月折旧额	备注
合　计						

主管：　　　　会计：　　　　复核：　　　　制单：

【实训 9】1 月末，吉林省通达有限责任公司有一辆运货卡车的原价为 600 000 元，预计净残值率为 5%，预计总行驶里程为 500 000 千米，本月行驶 4 000 千米，求月折旧额。假设采用工作量法计提折旧，其取得和填制的相关原始凭证如图表 16-9 所示。

▼图表 16-9　相关原始凭证▼

固定资产折旧计算表

年　月　日　　　　　　　　　　　　　　　　　单位：元

部门	项目	原值	净残值率	应提年折旧额	应提月折旧额	备注
合　计						

主管：　　　　会计：　　　　复核：　　　　制单：

【实训 10】公司现有一台生产用电子设备，原值为 100 000 元，预计使用 5 年，预计净残值为 4 000 元，假设采用双倍余额递减法计算每年折旧额。自行计算固定资产折旧，填制双倍余额递减法固定资产折旧计算表，如图表 16-10 所示。

▼图表 16-10　相关原始凭证▼

双倍余额递减法固定资产折旧计算表

年　月　日　　　　单位：元

使用年限	年初账面折余价值	年折旧率	年折旧额	累计折旧	年末账面折余价值	月折旧额
合计						

【实训 11】公司现有一台制药设备，原值为 1 000 000 元，预计可使用 5 年，预计净残值为 4 000 元，假设采用年数总和法计算每年折旧额。自行计算固定资产折旧，填制年数总和法固定资产折旧计算表，如图表 16-11 所示。

▼图表 16-11　相关原始凭证▼

年数总和法固定资产折旧计算表

年　月　日　　　　单位：元

使用年限	固定折旧基数	尚可使用年限	年数总和	年折旧率	年折旧额	累计折旧额	期末折余价值	月折旧额
合计								

【实训 12】1 月 31 日，公司在固定资产清查中发现 2012 年 12 月购入的一台设备尚未入账，重置成本为 60000 元（假定与其计税基础不存在差异）。根据《企业会计准则第 28 号——会计政策、会计估计变更和差错更正》规定，该盘盈固定资产批准作为前期差错进行处理。需要填制的相关原始凭证如图表 16-12 所示。

▼图表 16-12　相关原始凭证▼

固定资产盘盈、盘亏报告单

部门：　　　　　　　　　　　　　　　年　月　日

固定资产名称	盘盈		盘亏			原因
	数量	重置成本	数量	原始价值	已提折旧	
处理意见						

主管：　　　　　　　　　　　　　　　　制单：

【实训 13】公司在财产清查中盘亏一台设备，其账面原值为 20 000 元，已提折旧 14 000 元，经批准作为营业外支出处理。需要填制的相关原始凭证如图表 16-13 所示。

▼图表 16-13　相关原始凭证▼

固定资产盘盈、盘亏报告单

部门：　　　　　　　　　　　　　　　年　月　日

固定资产名称	盘盈		盘亏			原因
	数量	重置成本	数量	原始价值	已提折旧	
处理意见						

主管：　　　　　　　　　　　　　　　　制单：

模块 17

成本费用会计岗位实训演练

实训目的

通过成本费用会计岗位实训演练，了解企业成本费用发生与归集的过程，掌握材料费用、燃料费用、动力费用、职工薪酬、辅助生产费用、制造费用、生产费用等费用的归集与分配方法，掌握生产成本、制造费用明细账的设置与登记，掌握产品成本计算的品种法及产品成本计算单的编制，掌握产品生产成本明细账的设置与登记及完工产品结转的会计处理。

实训环境

会计模拟实验室，配有各种分配表及生产成本、制造费用明细账等。

实训要求

（1）以产品的品种作为成本核算对象，以会计报告期作为成本计算期，产品成本项目设置直接材料、直接人工、制造费用。

（2）开设生产成本明细账、制造费用明细账。

（3）根据资料编制记账凭证。

（4）根据会计凭证登记生产成本明细账。

（5）编制产品成本汇总表，填制产成品入库单。

实训资料

一、实训演练一

1. 实训主体

实训主体为辽宁省富强有限责任公司。

本公司采用品种法计算产品的生产成本。该公司设有两个生产车间，其中，甲产品、乙产品由第一基本生产车间制造，丙产品由第二基本生产车间制造，另设机修车间为各部门提供修理劳务。甲产品期末在产品很少，管理上不要求计算其期末在产品的生产成本，乙、丙两种产品的期末在产品较多，需要计算其期末在产品的生产成本。

乙、丙两种产品月初在产品成本资料如下：

产品名称	直接材料	燃料及动力	直接人工	制造费用	合计
乙产品	6 819	281	2 020	1 434	10 554
丙产品	4 532	54	1 286	1 665	7 537

2．业务资料

2018 年 9 月，该公司有关费用支出和成本计算资料如下。

根据成本计算流程，该公司已按甲、乙、丙 3 种产品分别设置生产成本明细账。

（1）本月材料消耗资料如下：甲产品直接消耗材料 62 050 元，乙产品直接消耗材料 28 860 元，甲、乙产品共同消耗材料 10 890 元，按耗用量进行分配（其中，甲产品耗用量为 1 800 千克，乙产品耗用量为 1 200 千克）；丙产品耗用 91 365 元；一车间耗用 3 339 元；二车间耗用 1 650 元；机修车间耗用 1 500 元；行政部门耗用 456 元，共计 200 110 元。

（2）本月应付工资及福利费如下：生产甲、乙产品工人工资共计 36 000 元，按生产工时进行分配（甲产品生产工时为 15 000 小时，乙产品生产工时为 5 000 小时）；生产丙产品工人工资为 18 600 元；一车间管理人员工资为 5 600 元；二车间管理人员工资为 3 200 元；机修车间生产人员工资为 1 150 元；行政管理部门人员工资为 4 900 元。假设职工福利费按工资总额的 14%提取。

（3）本月外购动力（用电）消耗资料如下：本月消耗用电 34 395 元，总计 137 580 度。其中，甲产品用电 42 000 度，乙产品用电 79 800 度，丙产品用电 6 500 度，一车间用电 720 度，二车间用电 580 度，机修车间用电 3 684 度，行政部门用电 4 296 度，款项尚未支付。

（4）本月有关折旧和大修理费用如下：一车间折旧费为 12 720 元，预提大修理费用 2 500 元；二车间折旧费为 10 000 元，预提大修理费用 2 000 元；机修车间折旧费为 7 500 元，预提大修理费用 600 元；行政部门折旧费为 5 600 元，预提大修理费用 750 元。

（5）当月其他有关支出如下：一车间为 2 000 元，二车间为 2 400 元，机修车间为 600 元，行政部门为 300 元，以上支出以银行存款支付。

3．具体要求

【实训 1】根据业务资料（1），按用途编制图表 17-1 并进行分录。

▼图表 17-1　材料费用分配表▼

材料费用分配表

年　月　　　　　　　　单位：元

分配内容 产品或部门		共同耗用			直接耗用	原材料合计
		耗用量（千克）	分配率	分配金额		
基本生产	甲产品					
	乙产品					
	小计					
	丙产品					
制造费用	一车间					
	二车间					
辅助生产	机修车间					
管理费用	行政部门					
合　计						

【实训 2】根据业务资料（2），编制图表 17-2 并进行分录。

▼图表 17-2　职工薪酬分配表▼

职工薪酬分配表

年　月　　　　　　　　单位：元

费用内容 产品或部门		生产工时（小时）	工资费用		应付福利费	合计
			分配率	分配金额		
基本生产	甲产品					
	乙产品					
	小计					
	丙产品					
制造费用	一车间					
	二车间					
辅助生产	机修车间					
管理费用	行政部门					
合　计						

【**实训 3**】根据业务资料（3），编制图表 17-3 并进行分录。

▼图表 17-3　外购动力费用分配表▼

外购动力费用分配表

年　　月　　　　　　　　　　　　　　　　单位：元

费用内容 / 产品或部门		电表耗用量（度）	分配率	分配金额
基本生产	甲产品			
	乙产品			
	丙产品			
	小计			
制造费用	一车间			
	二车间			
辅助生产	机修车间			
管理费用	行政部门			
合 计				

【**实训 4**】根据业务资料（4），编制图表 17-4 并进行分录。

▼图表 17-4　折旧与大修理费用分配表▼

折旧与大修理费用分配表

年　月　　　　　　　　　　　　　　　　单位：元

费用内容 / 部　　门		计提折旧费	预提大修理费	合计
制造费用	一车间			
	二车间			
辅助生产	机修车间			
管理费用	行政部门			
合 计				

【**实训 5**】根据业务资料（5），编制图表 17-5 并进行分录。

▼图表 17-5　其他费用分配表▼

其他费用分配表

年　月　　　　　　　　　　　　　　　　单位：元

部　　门 / 费用内容	制造费用		辅助生产		合计
	一车间	二车间	机修车间	行政部门	
其他费用					

【实训 6】根据上述各项费用分配表及有关凭证，编制图表 17-6(a)。再根据机修车间提供的修理工时，计算并分配辅助生产费用，编制图表 17-6(b)并进行分录（一车间修理工时为 1 208 小时，二车间修理工时为 1 100 小时，行政部门修理工时为 800 小时）。

▼图表 17-6(a)　辅助生产费用明细账▼

辅助生产费用明细账

辅助生产车间　　　　　　　　　　年　月　日　　　　　　　　　　单位：元

年		凭证号	摘要	明细项目						
月	日			直接材料	直接人工	水电费	折旧费	修理费	其他	合计

▼图表 17-6(b)　辅助生产费用分配表▼

辅助生产费用分配表

年　月　日　　　　　　　　　　单位：元

车间部门	分配标准（修理工时）	分配率	金额
一车间			
二车间			
行政部门			
小计			

【实训 7】根据上述各项费用分配表，登记第一、第二车间制造费用明细账，分别如图表 17-7(a)和图表 17-7(b)所示。将第一车间的制造费用在甲、乙两种产品之间分配，同时编制图表 17-7(c)并进行分录，制造费用按生产工时分配（甲产品生产工时为 15 000 小时，乙产品生产工时为 5 000 小时）。

▼图表 17-7(a)　制造费用明细账▼

制造费用明细账

第一车间　　　　年　月　日　　　　单位：元

年		凭证号	摘要	明细项目						
月	日			直接材料	直接人工	水电费	折旧费	修理费	其他	合计

▼图表 17-7(b)　制造费用明细账▼

制造费用明细账

第二车间　　　　年　月　日　　　　单位：元

年		凭证号	摘要	明细项目						
月	日			直接材料	直接人工	水电费	折旧费	修理费	其他	合计

▼图表 17-7(c)　制造费用分配表▼

制造费用分配表

年　月　日　　　　单位：元

受益对象	分配标准（生产工时）	分配率	金额
甲产品			
乙产品			
小计			
丙产品			
合计			

【实训 8】根据上述各项费用分配表及有关凭证，登记图表 17-8(a)、图表 17-8(b)和图表 17-8(c)所示的甲、乙、丙 3 种产品的基本生产成本明细账。该公司按约当产量法分配完工产品和月末在产品之间的费用。甲、乙产品于生产开始时一次投料，丙产品随完工程度逐步投料。

（1）甲产品完工产品数量为 600 件，无期末在产品。

（2）乙产品完工产品数量为 360 件，期末在产品数量为 50 件，在产品的完工程度为 80%。

（3）丙产品完工产品数量为 900 件，期末在产品数量为 200 件，在产品的完工程度为 50%。

▼图表 17-8(a)　基本生产成本明细账▼

基本生产成本明细账

产成品数量：
在产品数量：
产品名称：甲产品　　　　在产品完工率：

年		凭证号数	摘要	直接材料	燃料、动力	直接人工	制造费用	合计
月	日							
			本期生产费用					
			完工产品总成本					
			完工产品单位成本					
			结转产成品成本					

▼图表 17-8(b)　基本生产成本明细账▼

基本生产成本明细账

产成品数量：
在产品数量：
产品名称：乙产品　　　　在产品完工率：

年		凭证号数	摘要	直接材料	燃料、动力	直接人工	制造费用	合计
月	日							
			月初在产品成本					
			本期生产费用					
			合计					
			单位生产成本					
			完工产品总成本					
			月末在产品成本					
			结转本期产成品成本					

▼图表 17-8(c) 基本生产成本明细账▼

基本生产成本明细账

产品数量：
在产品数量：
产品名称：丙产品　　　　在产品完工率：

年		凭证号数	摘要	直接材料	燃料、动力	直接人工	制造费用	合计
月	日							
			月初在产品成本					
			本期生产费用					
			合计					
			单位生产成本					
			完工产品总成本					
			月末在产品成本					
			结转本期产成品成本					

【实训 9】9 月月末，结合根据各产品基本生产成本明细账计算的完工产品总成本和单位成本，编制图表 17-9(a)和图表 17-9(b)。

▼图表 17-9(a) 产品成本汇总表▼

产品成本汇总表

年　月　　　　单位：元

产品名称 / 成本项目	甲产品（600 件）		乙产品（360 件）		丙产品（900 件）	
	总成本	单位成本	总成本	单位成本	总成本	单位成本
直接材料						
燃料及动力						
直接人工						
制造费用						
合计						

▼图表 17-9(b) 产成品入库单▼

产成品入库单

年　月　日　　　　单位：元

产品名称	单位	数量	单价	金额
合　计				

二、实训演练二

1. 实训主体

实训主体为吉林省通达有限责任公司。

2. 业务资料

假设该公司只生产 1 号产品、2 号产品。2018 年 12 月，该公司有关费用支出和成本计算资料如下。

3. 具体要求

根据各分配表编制会计分录，并计算完工产品成本。

【实训 10】根据各领料凭证，按用途编制图表 17-10。

▼图表 17-10　材料耗用汇总表▼

材料耗用汇总表

2018 年 12 月　　单位：元

用　途	材料名称		合　计
	A 材料	B 材料	
1 号产品	*40 000*	*44 000*	*84 000*
2 号产品	*24 000*	*16 000*	*40 000*
生产车间	*12 000*		*12 000*
行政部门		*10 000*	*10 000*
合计	*76 000*	*70 000*	*146 000*

制表：李力

【实训 11】根据工资结算汇总表及应付福利费总额（假设职工福利费按工资总额的 14%提取），编制图表 17-11。

▼图表 17-11　职工薪酬分配表▼

职工薪酬分配表

2018 年 12 月　　单位：元

用　途	工资总额	职工福利费	合　计
1 号产品	*35 000*	*4 900*	*39 900*
2 号产品	*16 000*	*2 240*	*18 240*
车间管理人员	*4 000*	*560*	*4 560*
行政管理人员	*6 000*	*840*	*6 840*
合计	*61 000*	*8 540*	*69 540*

制表：李力

【实训 12】根据按规定提取的固定资产折旧与大修理费编制图表 17-12。

▼图表 17-12　固定资产折旧费用分配表▼

固定资产折旧费用分配表

2018 年 12 月　　　　单位：元

使用部门	生产车间	行政部门	合计
折旧费	15 600	9 000	24 600

制表：李力

【实训 13】根据大修理费用发生的有关凭证编制图表 17-13。

▼图表 17-13　固定资产大修理费用预提表▼

固定资产大修理费用预提表

2018 年 12 月　　　　单位：元

使用部门	固定资产原值	提取率	本月应提金额
生产部门	300 000	0.2%	600
行政部门	200 000	0.2%	400
合计	500 000		1 000

制表：李力

【实训 14】根据制造费用的归集情况编制图表 17-14。

▼图表 17-14　制造费用分配表▼

制造费用分配表

2018 年 12 月　　　　单位：元

受益对象	分配标准（生产工时）	分配率	金额
1 号产品	25 000		20 475
2 号产品	15 000		12 285
合计	40 000	0.819	32 760

制表：李力

【实训 15】根据以上资料编制图表 17-15(a)，并填制图表 17-15(b)（1 号产品、2 号产品均已完工入库，无在产品。1 号产品完工 500 件，2 号产品完工 250 件）。

▼图表 17-15(a)　产品成本汇总表▼

产品成本汇总表

年　月　日　　　　　　单位：元

产品名称 成本项目	1 号产品		2 号产品	
	总成本	单位成本	总成本	单位成本
直接材料				
直接人工				
制造费用				
合计				

▼图表 17-15(b)　产成品入库单▼

产成品入库单

年　月　日　　　　　　单位：元

产品名称	单位	数量	单价	金额
合　计				

模块 18

财务成果会计岗位实训演练

实训目的

通过实训演练，使学生了解财务成果会计岗位的职责，了解企业销售的内容和利润的构成，明确收入与费用的配比关系，掌握收入的确认、费用的核算，掌握销售明细账的设置与登记及销售收入、销售成本的会计处理，掌握利润核算和利润分配的顺序和方法。

实训环境

会计模拟实验室，配有相关原始凭证、记账凭证、账簿、会计报表。

实训要求

（1）收入的确认与计量，销售发票和结算凭证的填写。

（2）销售收入的会计处理及销售明细账的设置和登记方法。

（3）销售成本的计算和销售成本结转的会计处理。

（4）其他业务收支、营业外收支、投资收益的会计处理。

（5）营业利润、利润总额、应交所得税、净利润的计算。

（6）税后利润分配、年终利润分配各明细账户的结转。

（7）根据本月发生的经济业务编制记账凭证，根据记账凭证逐笔登记“主营业务收入”“主营业务成本”“应交税费——应交增值税”“本年利润”明细账，根据记账凭证编制科目汇总表登记相关总账。

实训资料

吉林省通达有限责任公司为一般纳税人企业，增值税税率为 13%，城市维护建设税税率为 7%，所得税税率为 25%。其在 2019 年 5 月份的有关经济业务如下。

【实训 1】5 月 4 日，销售给长春市利民药店（纳税人识别号为 912201213455883889，电话为 0431-86113558，开户行及账号为建行长春支行 000927824398）炎可宁片 20 箱，每箱售价为 1 000 元，价款共计 20 000 元，增值税税额为 2 600 元，收到一张转账支票（号码为 3456），填写进账单存入银行。需要填制的相关原始凭证如图表 18-1(a) 和图表 18-1(b)所示。

▼图表 18-1(a)　相关原始凭证▼

吉林增值税专用发票

此联不作报销、扣税凭证使用

开票日期：2019 年 5 月 4 日

购买方	名　　称：长春市利民药店 纳税人识别号：912201213455883889 地 址、电 话：0431-86113558 开户行及账号：建行长春支行 000927824398					密码区	（略）	
货物或应税劳务、服务名称	规格型号	单位	数量	单价	金额	税率	税额	
*中成药*炎可宁片		箱	20	1 000.00	20 000.00	13%	2 600.00	
合　　计					¥20 000.00		¥2 600.00	
价税合计（大写）	⊗贰万贰仟陆佰元整				（小写）¥22 600.00			
销售方	名　　称：吉林省通达有限责任公司 纳税人识别号：912201012103698889 地 址、电 话：长春市南关区盛世大路 158 号 开户行及账号：农行长春双德支行 07150301040009988					备注	吉林省通达有限责任公司 912201012103698889 发票专用章	

收款人：刘颖　　复核：　　开票人：杨华　　销售方：（章）

第一联：记账联　销售方记账凭证

▼图表 18-1(b)　相关原始凭证▼

中国农业银行进 账 单（收账通知）　3

2019 年 5 月 4 日

出票人	全　　称	长春市利民药店	收款人	全　　称	吉林省通达有限责任公司
	账　　号	000927824398		账　　号	07150301040009988
	开户银行	建行长春支行		开户银行	农行长春双德支行
金额	人民币（大写）	贰万贰仟陆佰元整		亿千百十万千百十元角分	¥2260000
票据种类	支票	票据张数	1		
票据号码	#3456				
复核　记账			中国农业银行长春市双德支行 2019.05.04 转 模拟 讫	收款人开户银行签章	

此联是收款人开户银行交给收款人的收账通知

【实训 2】5 月 5 日，销售给白山市洪宇药店（纳税人识别号为 912206130134558838，地址为白山市新民大街 26 号，开户行及账号为中行大华支行 001787821166）天麻降压丸 20 箱，每箱售价为 1 070 元，价款共计 21 400 元，增值税税额为 2 782 元。以现金代垫运杂费 600 元，款项办妥托收手续。需要填制和取得的相关原始凭证如图表 18-2(a)、图表 18-2(b)和图表 18-2(c)所示。

▼图表 18-2(a)　相关原始凭证▼

吉林增值税专用发票

此联不作报销、扣税凭证使用

开票日期：2019 年 5 月 5 日

购买方	名　　称：白山市洪宇药店 纳税人识别号：912206130134558838 地 址、电 话：白山市新民大街 26 号 开户行及账号：中行大华支行 001787821166	密码区	（略）

货物或应税劳务、服务名称	规格型号	单位	数量	单价	金额	税率	税额
*中成药*天麻降压丸		箱	20	1 070.00	21 400.00	13%	3 424.00
合　　计					¥21 400.00		¥3 424.00
价税合计（大写）	⊗贰万肆仟壹佰捌拾贰元整				（小写）¥24 182.00		

销售方	名　　称：吉林省通达有限责任公司 纳税人识别号：912201012103698889 地 址、电 话：长春市南关区盛世大路 158 号 开户行及账号：农行长春双德支行 07150301040009988	备注	吉林省通达有限责任公司 912201012103698889 发票专用章

收款人：　　　复核：　　　开票人：杨华　　　销售方：（章）

第一联：记账联　销售方记账凭证

▼图表 18-2(b)　相关原始凭证▼

现金支出凭单

附件 1 张　　　2019 年 5 月 5 日　　　第 98 号

用款事项：代垫运杂费				
人民币（大写）：陆佰元整　　¥600.00				
收款人	主管人员	会计人员	出纳员付讫	现金付讫
（签章）	（签章）	（签章）	（签章）	

▼图表 18-2(c)　相关原始凭证▼

托收凭证（受理回单）　　1

委托日期 2019 年 5 月 5 日

业务类型	委托收款（□ 邮划、□电划）			托收承付（□ 邮划、□ 电划）				
付款人	全　称	白山市洪宇药店		收款人	全　称	吉林省通达有限责任公司		
	账　号	001787821166			账　号	07150301040009988		
	地　址	吉林省白山市	开户行：中行大华支行		地　址	吉林省长春市	开户行：农行长春双德支行	
金额	人民币（大写）贰万肆仟柒佰捌拾贰元整					亿 千 百 十 万 千 百 十 元 角 分	¥ 2 4 7 8 2 0 0	
款项内容	销货款		托收凭据名称	增值税专用发票	附寄单证张数	3		
商品发运情况					合同名称号码			
备注： 复核　　记账		款项收妥日期 年　月　日			收款人开户银行签章 2019 年 5 月 5 日			

此联是收款人开户银行给收款人的受理回单

【实训 3】5 月 6 日，签发支票支付给长春市鑫鑫广告公司广告费 2 400 元。需要取得和填制的相关原始凭证分别如图表 18-3(a)和图表 18-3(b)所示。

▼图表 18-3(a)　相关原始凭证▼

吉林省增值税专用发票

开票日期：2019 年 5 月 6 日

购买方	名　称：吉林省通达有限责任公司 纳税人识别号：912201012103698889 地 址、电 话：长春市南关区盛世大路 158 号 开户行及账号：农行长春双德支行 07150301040009988				密码区	（略）	
货物或应税劳务、服务名称	规格型号	单位	数量	单价	金额	税率	税额
*广告代理服务*广告费					2 264. 15	6%	135. 85
合　计					¥2 264. 15		¥135. 85
价税合计（大写）	⊗贰仟肆佰元整				（小写）¥2 400. 00		
销售方	名　称：长春市鑫鑫广告公司 纳税人识别号：912201256403656201 地 址、电 话：长春市宽城区宽平大路 9 号 开户行及账号：工行宽城区支行 62205648735647023887				备注		

收款人：于丽丽　　复核：　　开票人：韩雪　　销售方：（章）

第三联：发票联　购买方记账凭证

▼图表 18-3(b)　相关原始凭证▼（正联填写略）

中国农业银行（吉）
转账支票存根
XⅥ00000001

附加信息

出票日期 2019 年 5 月 6 日

收款人：	长春市鑫鑫广告公司
金　额：	¥2 400.00
用　途：	支付广告费

单位主管　　会计

吉林省通达有…… 财务

【实训 4】5 月 8 日，接到银行托收凭证收款通知，上月向辽宁新宾县光华药店托收的货款已收妥入账。需要取得的相关原始凭证如图表 18-4 所示。

▼图表 18-4　相关原始凭证▼

托收凭证（收账通知）　　4

委托日期 2019 年 4 月 28 日　　付款期限 2019 年 5 月 8 日

<table>
<tr><td colspan="2">业务类型</td><td colspan="17">托托收款（☐ 邮划、☐电划）　托收承付（☐ 邮划、☑电划）</td></tr>
<tr><td rowspan="3">付款人</td><td>全　称</td><td colspan="3">辽宁新宾县光华药店</td><td rowspan="3">收款人</td><td>全　称</td><td colspan="12">吉林省通达有限责任公司</td></tr>
<tr><td>账　号</td><td colspan="3">44687003000234</td><td>账　号</td><td colspan="12">07150301040009988</td></tr>
<tr><td>地　址</td><td>辽宁省新宾县</td><td>开户行</td><td>工行新宾支行</td><td>地　址</td><td>吉林省长春市</td><td>开户行</td><td colspan="10">农行长春双德支行</td></tr>
<tr><td rowspan="2">金额</td><td colspan="6" rowspan="2">人民币（大写）伍万捌仟元整</td><td>亿</td><td>千</td><td>百</td><td>十</td><td>万</td><td>千</td><td>百</td><td>十</td><td>元</td><td>角</td><td>分</td></tr>
<tr><td></td><td></td><td></td><td>¥</td><td>5</td><td>8</td><td>0</td><td>0</td><td>0</td><td>0</td><td>0</td></tr>
<tr><td>款项内容</td><td colspan="2">销货款</td><td>托收凭据名称</td><td colspan="3">增值税专用发票</td><td>附寄单证张数</td><td colspan="11">2</td></tr>
<tr><td>商品发运情况</td><td colspan="6"></td><td>合同名称号码</td><td colspan="11"></td></tr>
<tr><td colspan="3">备注：

复核　　记账</td><td colspan="4">上列款项已划回收入你方账户内。
中国农业银行长春市双德支行 2019.05.08 转 模拟 讫
收款人开户银行签章
2019 年 5 月 8 日</td><td colspan="12"></td></tr>
</table>

此联是收款人开户银行给收款人的收账通知

【实训 5】 5 月 9 日，销售科为销售商品，向仓库领用不单独计价的包装纸箱 100 个，每个单价为 6.50 元。需要填制的相关原始凭证如图表 18-5 所示。

▼图表 18-5 相关原始凭证▼

出 库 单

年 月 日　　　　　　　　　　　　　　　　字第 号

<table>
<tr><td>编号</td><td></td><td>名称</td><td></td><td>规格</td><td></td><td>数量</td><td colspan="11"></td></tr>
<tr><td rowspan="2">计量单位</td><td rowspan="2"></td><td rowspan="2" colspan="2">单价</td><td rowspan="2"></td><td rowspan="2">金额</td><td>亿</td><td>千</td><td>百</td><td>十</td><td>万</td><td>千</td><td>百</td><td>十</td><td>元</td><td>角</td><td>分</td></tr>
<tr><td></td><td></td><td></td><td></td><td></td><td></td><td></td><td></td><td></td><td></td><td></td></tr>
<tr><td>用途及摘要</td><td colspan="16"></td></tr>
<tr><td>仓库意见</td><td colspan="2"></td><td>领料人</td><td colspan="13"></td></tr>
</table>

【实训 6】 5 月 9 日，向白山市洪宇药店托收的货款已收妥入账。需要取得的相关原始凭证如图表 18-6 所示。

▼图表 18-6 相关原始凭证▼

托收凭证（收账通知）　　　　4

委托日期 2019 年 5 月 5 日　　　　付款期限 2019 年 5 月 9 日

<table>
<tr><td colspan="2">业务类型</td><td colspan="10">委托收款（☐ 邮划、☐电划）　托收承付（☐ 邮划、☑电划）</td></tr>
<tr><td rowspan="3">付款人</td><td>全　称</td><td colspan="3">白山市洪宇药店</td><td rowspan="3">收款人</td><td>全　称</td><td colspan="4">吉林省通达有限责任公司</td></tr>
<tr><td>账　号</td><td colspan="3">001787821166</td><td>账　号</td><td colspan="4">07150301040009988</td></tr>
<tr><td>地　址</td><td>吉林省白山市</td><td>开户行</td><td>中行大华支行</td><td>地　址</td><td>吉林省长春市</td><td>开户行</td><td colspan="2">农行长春双德支行</td></tr>
<tr><td>金额</td><td colspan="6">人民币（大写）　贰万肆仟柒佰捌拾贰元整</td><td colspan="4">亿 千 百 十 万 千 百 十 元 角 分
¥ 2 4 7 8 2 0 0</td></tr>
<tr><td>款项内容</td><td colspan="2">销货款</td><td>托收凭据名称</td><td colspan="3">增值税专用发票</td><td>附寄单证张数</td><td colspan="3">3</td></tr>
<tr><td colspan="2">商品发运情况</td><td colspan="5"></td><td>合同名称号码</td><td colspan="3"></td></tr>
<tr><td colspan="3">备注：

复核　　记账</td><td colspan="4">上列款项已划回收入你方账户内。

收款人开户银行签章
2019 年 5 月 9 日</td><td colspan="4"></td></tr>
</table>

中国农业银行长春市双德支行 2019.05.09 转 讫 模拟

此联是收款人开户银行给收款人的收账通知

【实训 7】 5 月 12 日，销售给山东济南市人民医院（纳税人识别号为 913701555134558847，地址为济南市新民大街 22 号，开户行及账号为工行民升支行 228086224567693）健脑灵 100 箱，每箱售价为 1 200 元；炎可宁片 50 箱，每箱售价为 920 元，货款共计 166 000 元，增值税税额为 21 580 元。签发支票支付给长春铁路运输处代垫运杂费 1 200 元。药品发出，办妥托收手续。需要填制和取得的相关原始凭证如图表 18-7(a)、图表 18-7(b)和图表 18-7(c)所示。

▼图表 18-7(a)　相关原始凭证▼（正联填写略）

中国农业银行（吉）
转账支票存根
XⅥ00000002

附加信息

出票日期 2019 年 5 月 12 日

收款人：	长春铁路运输处
金　额：	¥1 200.0
用　途：	代垫运杂费

单位主管　　　　会计

▼图表 18-7(b)　相关原始凭证▼

吉林增值税专用发票

此联不作报销、扣税凭证使用

开票日期：2019 年 5 月 12 日

购买方	名　　称：山东济南市人民医院 纳税人识别号：913701555134558847 地 址、电 话：济南市新民大街 22 号 开户行及账号：工行民升支行 228086224567693	密码区：（略）

货物或应税劳务、服务名称	规格型号	单位	数量	单价	金额	税率	税额
*化学药品制剂*健脑灵		箱	100	1 200.00	120 000.00	13%	15 600.00
*中成药*炎可宁片		箱	50	920.00	46 000.00	13%	5 980.00
合　　计					¥166 000.00		¥21 580.00
价税合计（大写）	⊗壹拾捌万柒仟伍佰捌拾元整				（小写）¥187 580.00		

销售方	名　　称：吉林省通达有限责任公司 纳税人识别号：912201012103698889 地 址、电 话：长春市南关区盛世大路 158 号 开户行及账号：农行长春双德支行 07150301040009988	备注：吉林省通达有限责任公司 912201012103698889 发票专用章

收款人：　　　　复核：　　　　开票人：杨华　　　　销售方：（章）

第一联：记账联 销售方记账凭证

▼图表 18-7(c)　相关原始凭证▼

托收凭证（受理回单）　　1

委托日期 2019 年 5 月 12 日

业务类型	委托收款（☐ 邮划、☐电划）　　托收承付（☐ 邮划、☐ 电划）						
付款人	全　称	山东济南市人民医院		收款人	全　称	吉林省通达有限责任公司	
	账　号	228086224567693			账　号	07150301040009988	
	地　址	山东省济南市	开户行：工行民升支行		地　址	吉林省长春市	开户行：农行长春双德支行
金额	人民币（大写）壹拾捌万捌仟柒佰捌拾元整						

亿	千	百	十	万	千	百	十	元	角	分
		¥	1	8	8	7	8	0	0	0

款项内容	销货款	托收凭据名称	增值税专用发票	附寄单证张数	3
商品发运情况			合同名称号码		
备注： 复核　　记账	款项收妥日期 年　月　日		收款人开户银行签章 （中国农业银行长春市双德支行 2019.05.12 转 模拟 讫） 2019 年 5 月 12 日		

此联是收款人开户银行给收款人的受理回单

【实训 8】5 月 18 日，收到辽宁省大连市广和医院预付货款 30 000 元。需要填制和取得的相关原始凭证分别如图表 18-8(a)和图表 18-8(b)所示。

▼图表 18-8(a)　相关原始凭证▼

收 款 凭 证

附件 2 张　　　　2019 年 5 月 18 日

兹由（交款人）辽宁省大连市广和医院

交　　　来 预付货款

人民币（大写）叁万元整　　　　¥30 000.00

收款单位：吉林省通达有限责任公司（吉林省通达有限责任公司 财务专用章）

缴款人（或单位）　　（签章）　　　出纳员收讫（签章）

第一联　此联收入单位留存　凭以做记账凭证

▼图表 18-8(b) 相关原始凭证▼

中国农业银行信汇凭证（收账通知） 4

委托日期 2019 年 5 月 18 日

汇款人	全　称	辽宁省大连市广和医院	收款人	全　称	吉林省通达有限责任公司
	账　号	002499839900388		账　号	07150301040009988
	汇出地点	辽宁省大连市		汇入地点	吉林省长春市
汇出行名称		工行大连支行	汇入行名称		农行长春双德支行
金额	人民币（大写）	叁万元整		亿千百十万千百十元角分	¥ 3 0 0 0 0 0 0
款项已收入收款人账户。		中国农业银行长春市双德支行 2019.05.18 转讫 汇入行签章	支付密码		
			附加信息及用途：预付货款		复核　　记账

此联是收款行给收款人的收账通知

【实训 9】5 月 19 日，销售给长春市四马路人民药店（纳税人识别号为 912201238080558838，电话为 0431-86236998，开户行及账号为农行民升支行 000112224398）不需要用的包装纸箱 1 000 个，每个单价为 5.80 元，增值税税额为 754 元，收到一张支票（号码为 000478999），填写进账单存入银行。需要填制的相关原始凭证如图表 18-9(a)和图表 18-9(b)所示。

▼图表 18-9(a) 相关原始凭证▼

吉林增值税专用发票

此联不作报销、扣税凭证使用

开票日期：　　年　月　日

购买方	名　　称： 纳税人识别号： 地 址、电 话： 开户行及账号：				密码区	（略）		
货物或应税劳务、服务名称	规格型号	单位	数量	单价	金额	税率	税额	
合　　计								
价税合计（大写）				（小写）¥				
销售方	名　　称： 纳税人识别号： 地 址、电 话： 开户行及账号：				备注	吉林省通达有限责任公司 912201012103698889 发票专用章		

收款人：　　复核：　　开票人：　　销售方：（章）

第一联：记账联 销售方记账凭证

▼图表 18-9(b)　相关原始凭证▼

中国农业银行进 账 单（收账通知）　　3

年　月　日

<table>
<tr><td rowspan="3">出票人</td><td>全　称</td><td></td><td rowspan="3">收款人</td><td>全　称</td><td colspan="11"></td></tr>
<tr><td>账　号</td><td></td><td>账　号</td><td colspan="11"></td></tr>
<tr><td>开户银行</td><td></td><td>开户银行</td><td colspan="11"></td></tr>
<tr><td rowspan="2">金额</td><td colspan="4" rowspan="2">人民币
（大写）</td><td>亿</td><td>千</td><td>百</td><td>十</td><td>万</td><td>千</td><td>百</td><td>十</td><td>元</td><td>角</td><td>分</td></tr>
<tr><td></td><td></td><td></td><td></td><td></td><td></td><td></td><td></td><td></td><td></td><td></td></tr>
<tr><td>票据种类</td><td></td><td>票据张数</td><td></td><td colspan="12" rowspan="3">中国农业银行长春市
双德支行
2019.05.19
转
模拟
讫

收款人开户银行签章</td></tr>
<tr><td>票据号码</td><td colspan="3"></td></tr>
<tr><td colspan="4">复核　　记账</td></tr>
</table>

此联是收款人开户银行交给收款人的收账通知

【实训 10】 5 月 19 日，结转销售不需要用的包装纸箱 1 000 个的成本，每个单位成本为 4.20 元。需要填制的相关原始凭证如图表 18-10 所示。

▼图表 18-10　相关原始凭证▼

出　库　单

年　月　日　　　　字第　号

<table>
<tr><td>编号</td><td></td><td>名称</td><td></td><td>规格</td><td colspan="5"></td><td>数量</td><td colspan="6"></td></tr>
<tr><td rowspan="2">计量单位</td><td rowspan="2"></td><td rowspan="2">单价</td><td rowspan="2"></td><td rowspan="2">金额</td><td>亿</td><td>千</td><td>百</td><td>十</td><td>万</td><td>千</td><td>百</td><td>十</td><td>元</td><td>角</td><td>分</td></tr>
<tr><td></td><td></td><td></td><td></td><td></td><td></td><td></td><td></td><td></td><td></td><td></td></tr>
<tr><td>用途及摘要</td><td colspan="15"></td></tr>
<tr><td>仓库意见</td><td colspan="2"></td><td>领料人</td><td colspan="12"></td></tr>
</table>

【实训 11】 5 月 20 日，销售给长春市第二制药厂（开户银行为工行团结支行，账号为 000228909945）不需要用的一台制片机，原价为 3 000 元，已提折旧 700 元，作价 2 600 元，增值税税额为 338 元，收到一张支票（号码为 000789333），存入银行。需要填制的相关原始凭证如图表 18-11(a)、图表 18-11(b)和图表 18-11(c)所示。

▼图表 18-11(a)　相关原始凭证▼

吉林增值税专用发票

（全国统一发票监制章 吉林省税务局）

此联不作报销、扣税凭证使用

开票日期：　　年　月　日

购买方	名　　称： 纳税人识别号： 地 址、电 话： 开户行及账号：	密码区	（略）

货物或应税劳务、服务名称	规格型号	单位	数量	单价	金额	税率	税额
合　　计							
价税合计（大写）	（小写）¥						

销售方	名　　称： 纳税人识别号： 地 址、电 话： 开户行及账号：	备注	吉林省通达有限责任公司 912201012103698889 发票专用章

收款人：　　　　复核：　　　　开票人：　　　　销售方：（章）

第一联：记账联　销售方记账凭证

▼图表 18-11(b)　相关原始凭证▼

固定资产出售交接单

年　月　日

销售单位				购入单位			
名称及型号	单位	数量	原始价值	已提折旧	净值	预计年限	方式
出售价格：				备注：			

单位：（公章）　　　　主管：　　　　会计：

▼图表 18-11(c)　相关原始凭证▼

中国农业银行进 账 单（收账通知）　3

年　月　日

出票人	全　称		收款人	全　称	
	账　号			账　号	
	开户银行			开户银行	

		亿	千	百	十	万	千	百	十	元	角	分
金额	人民币（大写）											

票据种类		票据张数		中国农业银行长春市双德支行 2019.05.20 转 模拟 讫
票据号码				
复核　记账				收款人开户银行签章

此联是收款人开户银行交给收款人的收账通知

【实训 12】5 月 21 日，因违反与广东省广州生物药业公司（账号为 003759871287，地址为广东省广州市，开户银行为建行凤塔路支行）的购销合同，被罚款 2 000 元，签发信汇凭证付款。需要取得和填制的相关原始凭证分别如图表 18-12(a)和图表 18-12(b)所示。

▼图表 18-12(a)　相关原始凭证▼

收 款 凭 证

附件　　张　　　　2019 年 5 月 21 日

兹由（交款人）吉林省通达有限责任公司

交　　来 违约金罚款

人民币（大写）贰仟元整　　¥ 2 000.00

收款单位：广东省广州生物药业公司

缴款人（或单位）　（签章）　　出纳人收讫（签章）

（印章：广东省广州生物药业公司 财务专用章）

第一联　此联交付款人　凭以做记账凭证

▼图表 18-12(b)　相关原始凭证▼

中国农业银行信汇凭证（回　单）　　1

委托日期　　年　月　日

汇款人	全　称		收款人	全　称	
	账　号			账　号	
	汇出地点	省　　市		汇入地点	省　　市
汇出行名称			汇入行名称		
金额	人民币（大写）			亿 千 百 十 万 千 百 十 元 角 分	
中国农业银行长春市 双德支行 2019.05.21 转 模拟 讫　汇出行盖章			支付密码		
			附加信息及用途： 复核　　记账		

此联是汇出行给汇款人的回单

【实训 13】5 月 22 日，转让给长春市第三制药厂配方专利权一项，账面原值为 80 000 元，累计摊销 3 000 元。取得收入 120 000 元，增值税税率 6%，收到一张转账支票，存入银行。已填制和需要填制的相关原始凭证如图表 18-13(a)、图表 18-13(b)和图表 18-13(c)所示。

▼图表 18-13(a)　相关原始凭证▼

无形资产转让计算单

年　月　日

调出单位			调入单位			
名称	单位	数量	原始价值	已摊销	净值	转让方式
转让价值	人民币（大写）		¥______元		备注：	

转让单位：（章）　　主管：　　复核：　　制单：

▼图表 18-13(b)　相关原始凭证▼

吉林增值税专用发票

此联不作报销、扣税凭证使用

开票日期：2019 年 5 月 22 日

购买方	名　　称：长春市第三制药厂 纳税人识别号：189632558803410 地 址、电 话：0431-88625616 开户行及账号：建行长春支行 0002280862243	密码区	（略）

货物或应税劳务、服务名称	规格型号	单位	数量	单价	金额	税率	税额
*无形资产*专利权		项	1	120 000.00	120 000.00	6%	7 200.00
合　　计					¥120 000.00		¥7 200.00
价税合计（大写）	⊗壹拾贰万柒仟贰佰元整				（小写）¥127 200.00		

销售方	名　　称：吉林省通达有限责任公司 纳税人识别号：912201012103698889 地 址、电 话：长春市南关区盛世大路 158 号 开户行及账号：农行长春双德支行 07150301040009988	备注	吉林省通达有限责任公司 912201012103698889 发票专用章

收款人：刘颖　　　复核：　　　开票人：杨华　　　销售方：（章）

第一联：记账联　销售方记账凭证

▼图表 18-13(c)　相关原始凭证▼

中国农业银行进 账 单（收账通知）　3

2019 年 5 月 22 日

出票人	全　称	长春市第三制药厂	收款人	全　称	吉林省通达有限责任公司
	账　号	0002280862243		账　号	07150301040009988
	开户银行	建行长春支行		开户银行	农行长春双德支行

金额	人民币（大写）	亿	千	百	十	万	千	百	十	元	角	分
	壹拾贰万柒仟贰佰元整			¥	1	2	7	2	0	0	0	0

票据种类	支票	票据张数	1	中国农业银行长春市双德支行 2019.05.22 转 讫
票据号码	#3666			
复核　记账				收款人开户银行签章

此联是收款人开户银行交给收款人的收账通知

【实训 14】5 月 22 日，向山东济南市人民医院托收的货款已收妥入账。需要取得的相关原始凭证如图表 18-14 所示。

▼图表 18-14　相关原始凭证▼

托收凭证（收账通知）　　4

委托日期 2019 年 5 月 12 日　　付款期限 2019 年 5 月 22 日

<table>
<tr><td>业务类型</td><td colspan="16">委托收款（☐ 邮划、☐电划）　托收承付（☐ 邮划、☑电划）</td></tr>
<tr><td rowspan="3">付款人</td><td>全　称</td><td colspan="3">山东济南市人民医院</td><td rowspan="3">收款人</td><td>全　称</td><td colspan="10">吉林省通达有限责任公司</td></tr>
<tr><td>账　号</td><td colspan="3">228086224567693</td><td>账　号</td><td colspan="10">07150301040009988</td></tr>
<tr><td>地　址</td><td>山东省济南市</td><td>开户行</td><td>工行民升支行</td><td>地　址</td><td>吉林省长春市</td><td>开户行</td><td colspan="8">农行长春双德支行</td></tr>
<tr><td rowspan="2">金额</td><td colspan="5" rowspan="2">人民币（大写）　壹拾捌万捌仟柒佰捌拾元整</td><td>亿</td><td>千</td><td>百</td><td>十</td><td>万</td><td>千</td><td>百</td><td>十</td><td>元</td><td>角</td><td>分</td></tr>
<tr><td></td><td></td><td>¥</td><td>1</td><td>8</td><td>8</td><td>7</td><td>8</td><td>0</td><td>0</td><td>0</td></tr>
<tr><td>款项内容</td><td colspan="2">销货款</td><td>托收凭据名称</td><td colspan="4">增值税专用发票</td><td colspan="2">附寄单证张数</td><td colspan="7">3</td></tr>
<tr><td>商品发运情况</td><td colspan="4"></td><td colspan="4">合同名称号码</td><td colspan="8"></td></tr>
<tr><td colspan="2">备注：

复核　　记账</td><td colspan="4">上列款项已划回收入你方账户内。

收款人开户银行签章
2019 年 5 月 22 日</td><td colspan="11"></td></tr>
</table>

中国农业银行长春市双德支行 2019.05.22 转 模拟 讫

此联是收款人开户银行给收款人的收账通知

【实训 15】5 月 23 日，向辽宁新宾县光华药店收取违约金 5 000 元。需要填制和取得的相关原始凭证分别如图表 18-15(a)和图表 18-15(b)所示。

▼图表 18-15(a)　相关原始凭证▼

收 款 凭 证

附件　　张　　　　年　月　日

兹由（交款人）________
交　　　来________
人民币（大写）________　¥________
收款单位：
缴款人（或单位）　（签章）　　出纳人收讫（签章）

第一联　此联收入机关留　凭以做记账凭证

▼图表 18-15(b) 相关原始凭证▼

中国农业银行信汇凭证（收账通知） 4

委托日期 2019 年 5 月 23 日

汇款人	全 称	辽宁新宾县光华药店	收款人	全 称	吉林省通达有限责任公司
	账 号	44687003000234		账 号	07150301040009988
	汇出地点	辽宁省新宾县		汇入地点	吉林省长春市
汇出行名称		工行新宾支行	汇入行名称		农行长春双德支行

金额	亿	千	百	十	万	千	百	十	元	角	分
人民币（大写）伍仟元整					¥	5	0	0	0	0	0

款项已收入收款人账户。 中国农业银行长春市 双德支行 2019.05.23 转 模拟 讫 汇入行盖章	支付密码 附加信息及用途：付违约金 复核 记账

此联是收款行给收款人的收账通知

【实训 16】5 月 24 日，签发一张转账支票，通过红十字会向灾区捐赠现金 8 000 元。需要取得和填制的相关原始凭证分别如图表 18-16(a)和图表 18-16(b)所示。

▼图表 18-16(a) 相关原始凭证▼

吉林省行政事业单位非经营收入发票
发 票 联

顾客名称：吉林省通达有限责任公司 吉地 （87556）

地 址：长春市南关区盛世大路 158 号 2019 年 5 月 24 日填发 No.070239

项 目	单位	数量	收费标准	金额 超过拾万元无效	万	千	百	十	元	角	分	备注
捐款						8	0	0	0	0	0	
合 计 人民币 （大写）捌仟零佰零拾零元零角零分					¥	8	0	0	0	0	0	

吉林省长春市红十字会 财务专用章

开票人：刘新 收款人：辛红 开票单位及地址（盖章）

▼图表 18-16(b)　相关原始凭证▼

中国农业银行　（吉）
转账支票存根
XVI00000003

附加信息＿＿＿＿＿＿＿＿

出票日期　　年　月　日

收款人：	
金　额：	
用　途：	

单位主管　　　会计

【**实训 17**】5 月 25 日，签发支票支付本月管理部门电话费。需要取得和填制的相关原始凭证分别如图表 18-17(a)和图表 18-17(b)所示。

▼图表 18-17(a)　相关原始凭证▼

中国农业银行　（吉）
转账支票存根
XVI00000004

附加信息＿＿＿＿＿＿＿＿

出票日期 2019 年 5 月 25 日

收款人：	吉林省电信公司长春分公司
金　额：	¥1 386.00
用　途：	电话费

单位主管　　　会计

吉林省通达
财务

▼图表 18-17(b) 相关原始凭证▼

吉林增值税专用发票

（吉林省税务局）

开票日期：2019 年 5 月 25 日

<table>
<tr><td>购买方</td><td colspan="5">名　　称：吉林省通达有限责任公司
纳税人识别号：912201012103698889
地 址、电 话：长春市南关区盛世大路 158 号
开户行及账号：农行长春双德支行 07150301040009988</td><td>密码区</td><td colspan="3">（略）</td></tr>
<tr><td colspan="2">货物或应税劳务、服务名称</td><td>规格型号</td><td>单位</td><td>数量</td><td>单价</td><td>金额</td><td>税率</td><td>税额</td></tr>
<tr><td colspan="2">*电信服务*电话费</td><td></td><td></td><td></td><td></td><td>1 260.00</td><td>9%</td><td>113.40</td></tr>
<tr><td colspan="2">合　计</td><td></td><td></td><td></td><td></td><td>¥1 260.00</td><td></td><td>¥113.40</td></tr>
<tr><td colspan="2">价税合计（大写）</td><td colspan="7">⊗壹仟叁佰柒拾叁元肆角整　　　（小写）¥1 373.40</td></tr>
<tr><td>销售方</td><td colspan="5">名　　称：吉林省电信公司长春分公司
纳税人识别号：912201036583653211
地 址、电 话：长春市朝阳区卫星路 28 号
开户行及账号：建行朝阳区支行 62228252146986699</td><td>备注</td><td colspan="3">通话费周期：
20190425—20190525
月使用费 80.00
国内长途费 630.00
区内通话费 550.00</td></tr>
</table>

第三联：发票联 购买方记账凭证

（吉林省电信公司长春分公司 912201036583653211 发票专用章）

收款人：宁婷婷　　复核：　　开票人：华丽　　销售方：（章）

【**实训 18**】5 月 25 日，收到银行存款利息 3 231.66 元。需要取得的相关原始凭证如图表 18-18 所示。

▼图表 18-18 相关原始凭证▼

中国农业银行利息计算清单

单位：吉林省通达有限责任公司　　2019 年 5 月 25 日　　账号：07150301040009988

起息日期	结息日期	存款余额	月利率	利息
2019/4/25	**2019/5/25**	**4 457 462.07**	**0.7250‰**	**3 231.66**
上列存款利息，已照付你单位第 07150301040009988 号账户 农业银行盖章				

（中国农业银行长春双德支行 2019.05.25 转讫）

【实训 19】 5 月 26 日，因年久失修报废一台烘干机（2010 年购买），原价为 70 000 元，已提折旧 55 000 元，残料销售给长春废品收购站（账号为 228086224888，开户银行为工行民升支行），收入 6 000 元，收到一张转账支票（号码为 0333），存入银行。已填制的相关原始凭证如图表 18-19(a)、图表 18-19(b)和图表 18-19(c)所示。

▼图表 18-19(a)　相关原始凭证▼

固定资产报废单

2019 年 5 月 26 日

名称及型号	单位	数量	原始价值	已提折旧	净值	清理费	残值收入
烘干机	台	1	70 000	55 000	15 000		6 000
报废原因：年久失修				处理意见：报废			

第二联　记账联

单位：（公章）　　　主管：　　　会计：

▼图表 18-19(b)　相关原始凭证▼

中国农业银行进 账 单（收账通知）　3

2019 年 5 月 26 日

出票人	全　称	长春废品收购站	收款人	全　称	吉林省通达有限责任公司
	账　号	228086224888		账　号	07150301040009988
	开户银行	工行民升支行		开户银行	农行长春双德支行

金额	人民币（大写）陆仟元整	亿	千	百	十	万	千	百	十	元	角	分
						¥	6	0	0	0	0	0

票据种类	支票	票据张数	1
票据号码	#0333		

中国农业银行长春市双德支行 2019.05.26 转 模拟 讫

复核　　记账　　　　收款人开户银行签章

此联是收款人开户银行交给收款人的收账通知

▼图表 18-19(c) 相关原始凭证▼

吉林增值税专用发票

此联不作报销、扣税凭证使用

开票日期：2019 年 5 月 26 日

购买方	名　　称：长春废品收购站 纳税人识别号：912201896325588034 地 址、电 话：0431-88625616 开户行及账号：工行民升支行 228086224888			密码区	（略）		
货物或应税劳务、服务名称	规格型号	单位	数量	单价	金额	税率	税额
*有色金属及合金*报废残料		台	1	5 309.73	5 309.73	13%	690.27
合　　计					¥5 309.73		¥690.27
价税合计（大写）	⊗陆仟元整			（小写）¥6 000.00			
销售方	名　　称：吉林省通达有限责任公司 纳税人识别号：912201012103698889 地 址、电 话：长春市南关区盛世大路 158 号 开户行及账号：农行长春双德支行 07150301040009988			备注	吉林省通达有限责任公司 912201012103698889 发票专用章		

收款人：刘颖　　复核：　　开票人：杨华　　销售方：（章）

第一联：记账联 销售方记账凭证

【实训 20】5 月 27 日，销售给长春市四马路人民药店（纳税人识别号为 912201213455883889，电话为 0431-86357758，开户行及账号为工行民升支行 228086224556）不需要用的原材料防风 3 000 千克，每千克售价为 58 元，每千克进价为 46 元，收到一张转账支票（号码为 0723），存入银行。已填制的相关原始凭证如图表 18-20(a)、图表 18-20(b)和图表 18-20(c)所示。

▼图表 18-20(a) 相关原始凭证▼

出　库　单

2019 年 5 月 27 日　　　　字第　号

编号		名称	防风	规格		数量	3 000										
计量单位	千克	单价		46.00		金额	亿	千	百	十	万	千	百	十	元	角	分
									¥	1	3	8	0	0	0	0	0
用途及摘要	销售不需要用的材料																
仓库意见			领料人	销售部门													

▼图表 18-20(b)　相关原始凭证▼

吉林增值税专用发票

此联不作报销、扣税凭证使用

开票日期：2019 年 5 月 27 日

购买方	名　　称：长春市四马路人民药店 纳税人识别号：912201213455883889 地 址、电 话：0431-86357758 开户行及账号：工行民升支行 228086224556				密码区	（略）	
货物或应税劳务、服务名称	规格型号	单位	数量	单价	金额	税率	税额
*中草药材*防风		千克	3 000	58.00	174 000.00	13%	22 620.00
合　　计					¥174 000.00		¥22 620.00
价税合计（大写）	⊗壹拾玖万陆仟陆佰贰拾元整				（小写）¥196 620.00		
销售方	名　　称：吉林省通达有限责任公司 纳税人识别号：912201012103698889 地 址、电 话：长春市南关区盛世大路 158 号 开户行及账号：农行长春双德支行 07150301040009988				备注		

第一联：记账联　销售方记账凭证

收款人：刘颖　　复核：　　开票人：杨华　　销售方：（章）

（印章：吉林省通达有限责任公司 912201012103698889 发票专用章）

▼图表 18-20(c)　相关原始凭证▼

中国农业银行进　账　单（收账通知）　3

2019 年 5 月 27 日

出票人	全　称	长春市四马路人民药店	收款人	全　称	吉林省通达有限责任公司
	账　号	228086224556		账　号	07150301040009988
	开户银行	工行民升支行		开户银行	农行长春双德支行
金额	人民币（大写）	壹拾玖万陆仟陆佰贰拾元整		亿千百十万千百十元角分	¥19662000
票据种类	支票	票据张数	1		
票据号码	#0723				
复核　记账				收款人开户银行签章	

（印章：中国农业银行长春市双德支行 2019.05.27 转 模拟 讫）

此联是收款人开户银行交给收款人的收账通知

【实训 21】5 月 28 日，签发支票支付本月管理部门水费 1 776.70 元。取得和已填制的相关原始凭证分别如图表 18-21(a)和图表 18-21(b)所示。

▼图表 18-21(a)　相关原始凭证▼

吉林增值税专用发票

吉林省税务局

开票日期：2019 年 5 月 28 日

购买方	名　　称：吉林省通达有限责任公司 纳税人识别号：912201012103698889 地 址、电 话：长春市南关区盛世大路 158 号 开户行及账号：农行长春双德支行 07150301040009988			密码区	（略）		
货物或应税劳务、服务名称	规格型号	单位	数量	单价	金额	税率	税额
*水冰雪*自来水		立方米	652	2.50	1 630.00	9%	146.70
合　　计					¥1 630.00		¥146.70
价税合计（大写）	⊗壹仟柒佰柒拾陆元柒角整				（小写）¥1 776.70		
销售方	名　　称：长春市自来水公司 纳税人识别号：912201237716649446 地 址、电 话：长春市南关区南湖大路 96 号 开户行及账号：建行南关支行 62228252146361207			备注	长春市自来水公司 912201237716649446 发票专用章		

第三联：发票联　购买方记账凭证

收款人：随新新　　复核：　　开票人：金昕　　销售方：（章）

▼图表 18-21(b)　相关原始凭证▼

中国农业银行
转账支票存根　（吉）
XVI00000005

附加信息

出票日期 2019 年 5 月 28 日

收款人：	长春市自来水公司
金　额：	¥1 776.70
用　途：	水费

单位主管　　会计

吉林省通达有……财务……

【实训 22】 5 月 28 日，销售给长春市南关通江药店健脑灵 50 箱，每箱售价为 1 200 元，货款共计 60 000 元，增值税税额为 7 800 元，货款暂欠。已填制的相关原始凭证如图表 18-22 所示。

▼图表 18-22　相关原始凭证▼

吉林增值税专用发票

此联不作报销、扣税凭证使用

开票日期：2019 年 5 月 28 日

购买方	名　　称：长春市南关通江药店 纳税人识别号：912201882134558831 地 址、电 话：0431-88231558 开户行及账号：建行长春支行 000117824398			密码区	（略）		
货物或应税劳务、服务名称	规格型号	单位	数量	单价	金额	税率	税额
*化学药品制剂*健脑灵		箱	50	1 200.00	60 000.00	13%	7 800.00
合　　计					¥60 000.00		¥7 800.00
价税合计（大写）	⊗陆万柒仟捌佰元整				（小写）¥67 800.00		
销售方	名　　称：吉林省通达有限责任公司 纳税人识别号：912201012103698889 地 址、电 话：长春市南关区盛世大路 158 号 开户行及账号：农行长春双德支行 07150301040009988			备注	吉林省通达有限责任公司 912201012103698889 发票专用章		

第一联：记账联　销售方记账凭证

收款人：　　复核：　　开票人：杨华　　销售方：（章）

【实训 23】5 月 28 日，被投资单位长春银河生物药业公司（账号为 228044554556，开户银行为工行民升支行）分配现金股利，收到一张为 21 000 元的支票（号码为 3666），填写进账单存入银行。需要取得和填制的相关原始凭证分别如图表 18-23(a) 和图表 18-23(b)所示。

▼图表 18-23(a)　相关原始凭证▼

现金股利通知单

2019 年 5 月 28 日

吉林省通达有限责任公司：

贵公司认购我公司发行的记名普通股股票 30 000 股，经董事会研究决定，每股发放股利 0.7 元，请带持股证明办理。

人民币（大写）：贰万壹仟元整　　¥21 000.00

特此通知　　长春银河生物药业公司　单位公章

▼图表 18-23(b)　相关原始凭证▼

中国农业银行进 账 单（收账通知）　3

2019 年 5 月 28 日

出票人	全　称	长春银河生物药业公司	收款人	全　称	吉林省通达有限责任公司
	账　号	228044554556		账　号	07150301040009988
	开户银行	工行民升支行		开户银行	农行长春双德支行
金额	人民币（大写）贰万壹仟元整			亿千百十万千百十元角分	¥ 2 1 0 0 0 0 0
票据种类	支票	票据张数	1		
票据号码	#3666				
复核　记账				收款人开户银行签章	

中国农业银行长春市双德支行 2019.05.28 转 模拟 讫

此联是收款人开户银行交给收款人的收账通知

【实训 24】5 月 29 日，生产车间盘亏一台计算机，账面价值为 3 200 元，已提折旧 1 000 元。盘亏原因不明，报上级批示。需要填制的相关原始凭证如图表 18-24 所示。

▼图表 18-24　相关原始凭证▼

固定资产盘盈、盘亏报告单

部门：生产车间　　　　2019 年 5 月 29 日

固定资产名称	盘盈		盘亏			原因
	数量	重置成本	数量	原始价值	已提折旧	
计算机	1			3 200	1 000	盘亏
处理意见						

主管：　　　　　　　　　　制单：李硕

【实训 25】5 月 29 日，经批准转销盘亏的计算机，盘亏的计算机经查明属于丢失。需要填制的相关原始凭证如图表 18-25 所示。

▼图表 18-25　相关原始凭证▼

固定资产盘盈、盘亏报告单

部门：生产车间　　　　2019 年 5 月 29 日

固定资产名称	盘盈		盘亏			原因
	数量	重置成本	数量	原始价值	已提折旧	
计算机	1			3 200	1 000	盘亏
处理意见	盘亏属于丢失，同意转销处理。					

主管：张立军　　　　制单：李硕

【实训 26】5 月 30 日，计提固定资产折旧。本公司采用平均年限法按综合折旧率计提折旧。月综合折旧率为 0.4%。月初固定资产原值为：生产一车间 3 000 000 元，生产二车间 4 800 000 元，机修车间 700 000 元，管理部门 1 100 000 元。需要填制的相关原始凭证如图表 18-26 所示。

▼图表 18-26　相关原始凭证▼

固定资产折旧计算表

年　月　日　　　　单位：元

部　门	应提折旧额	备　注

主管：　　会计：　　复核：　　制单：

【实训 27】5 月 30 日，预提本期借款利息。生产周转借款为 600 000 元，月利率为 5‰；基本建设借款为 1 200 000 元，月利率为 5.5‰，基本建设工程正在建造中。需要填制的相关原始凭证如图表 18-27 所示。

▼图表 18-27　相关原始凭证▼

银行借款利息计算表

年　月　日　　　　单位：元

借款种类	金　额	月利率	本月应提利息	备　注

主管：　　记账：　　复核：　　制表：

【实训 28】5 月 31 日，结转本月商品销售成本。本月商品出库单列明销售炎可宁 70 箱，每箱单位成本为 530 元；健脑灵 150 箱，每箱单位成本为 720 元；天麻降压丸 20 箱，每箱单位成本为 680 元。需要填制的相关原始凭证如图表 18-28 所示。

▼图表 18-28　相关原始凭证▼

销售商品成本计算表

年　月　日

商品名称	销售数量	单位成本	销售总成本

【实训 29】5 月 31 日，计提本月应交教育费附加及城市维护建设税。假设本月应交增值税销项税额为 82 816.45 元，进项税额为 57 735.85 元。需要填制的相关原始凭证如图表 18-29 所示。

▼图表 18-29　相关原始凭证▼

教育费附加及城市维护建设税计算表

年　月　日

项　　目	金　　额	备　　注
1. 本月销项税额		
2. 本月进项税额		
3. 本月应交增值税		
4. 本月应交消费税		
5. 计税依据		
6. 本月应交城市维护建设税（7%）		
7. 本月应交教育费附加（3%）		
8. 本月应交地方教育费附加（2%）		

【实训 30】5 月 31 日，结转收入类账户。需要填制的相关原始凭证如图表 18-30 所示。

【实训 31】5 月 31 日，结转支出类账户。需要填制的相关原始凭证如图表 18-31 所示。

【实训 32】月末根据本月实现的利润计算应交企业所得税，无纳税调整项目。需要填制的相关原始凭证如图表 18-32 所示。

▼图表 18-30　相关原始凭证▼

收入类账户发生额

年　月　日

账户名称	金　额
主营业务收入	
其他业务收入	
营业外收入	
投资收益	
合　计	

▼图表 18-31　相关原始凭证▼

支出类账户发生额

年　月　日

账户名称	金　额
主营业务成本	
税金及附加	
管理费用	
销售费用	
财务费用	
其他业务成本	
营业外支出	
合　计	

▼图表 18-32　相关原始凭证▼

应交企业所得税计算表

年　月　日

项　目	金　额	备　注
利润总额		
调整项目		
1.国债利息		
2.……		
应纳税所得额		
企业所得税税率	25%	
应交企业所得税		

【实训 33】5 月 31 日，计提盈余公积金。需要填制的相关原始凭证如图表 18-33 所示。

▼图表 18-34　相关原始凭证▼

盈余公积金提取计算表

年　月　日

税后净利润	法定盈余公积金提取率	金　额

【实训 34】向投资者宣告分配股利。需要的相关原始凭证如图表 18-34 所示。（股利分配计算表略。）

▼图表 18-35　相关原始凭证▼

分 红 决 议

经董事会决议，本年按当年税后利润的 50%向投资者分配股利。

吉林省通达有限责任公司

2019 年 5 月 31 日

模块 19

记账员岗位实训演练

演练一

实训目的

通过记账员岗位实训演练，了解记账员岗位的职责，了解总账、明细账的类型，掌握明细账与总账的登记方法，掌握记账规则，掌握科目汇总表核算程序下总账、明细账的登记，能够准确无误地根据复核无误的会计凭证进行登账，能熟练地进行对账并进行结账的记账操作流程。

实训环境

会计模拟实验室，配有相关业务原始凭证、记账凭证和各类账簿。

实训要求

（1）根据资料一建立总账，登记账簿启用表和账簿目录表。

（2）根据资料二建立四本明细账，一是原材料、库存商品两本数量金额明细账，二是应收款、应付款两本三栏式明细账。

（3）根据资料一建立库存现金、银行存款日记账。

（4）根据资料三有关记账凭证逐日逐笔登记开设的明细账和序时账。

（5）根据资料四有关记账凭证汇总表按旬登记总分类账。

（6）月末对账。编制总分类账户试算平衡表、总分类账户与明细分类账户核对表及银行存款余额调节表。

（7）结账。因资料所限只进行月结，不进行年结。

实训资料

资料一：2018 年 11 月月末，吉林省丰润有限责任公司的部分总分类账户余额如下。

资产类账户	借方（元）	负债及所有者权益类账户	贷方（元）
库存现金	4 000	短期借款	7 800
银行存款	363 000	应付账款	39 000
应收账款	165 000	应付职工薪酬	10 000
原材料	15 000	应交税费	5 000
库存商品	20 000	长期借款	10 000
固定资产	600 000	实收资本	350 000
累计折旧	−245 200	资本公积	100 000
		本年利润	400 000

资料二：2018 年 11 月月末，吉林省丰润有限责任公司有关明细分类账户余额如下。

（1）原材料　15 000 元

其中，A 材料有 1 500 千克，单价为 10 元，共计 15 000 元。

（2）库存商品　20 000 元

其中，甲商品有 200 件，单价为 60 元，共计 12 000 元；乙商品有 250 件，单价为 32 元，共计 8 000 元。

（3）应收账款　165 000 元

其中，宏远公司为 85 000 元，宏伟公司为 80 000 元。

（4）应付账款　39 000 元

建华公司为 39 000 元。

资料三：2018 年 12 月份，吉林省丰润有限责任公司根据发生的经济业务填制的记账凭证如图表 19-1 至图表 19-32 所示。

资料四：记账凭证汇总表如图表 19-33、图表 19-34 和图表 19-35 所示，银行对账单如图表 19-36 所示。

▼图表 19-1　记账凭证 1▼

记　账　凭　证

凭证编号 1

2018 年 *12* 月 *2* 日

摘　要	借方 一级	借方 二级	贷方 一级	贷方 二级	十	万	千	百	十	元	角	分
借入	银行存款					9	0	0	0	0	0	0
			短期借款	生产周转借款		9	0	0	0	0	0	0

附凭证 1 张

会计主管　林月　　复核　于军　　记账　石力　　制表　孙悦

▼图表 19-2　记账凭证 2▼

记　账　凭　证

凭证编号 2

2018 年 12 月 2 日

摘要	借方		贷方		金额							
	一级	二级	一级	二级	十	万	千	百	十	元	角	分
收回货款	银行存款					8	5	0	0	0	0	0
			应收账款	宏远公司		8	5	0	0	0	0	0

附凭证 1 张

会计主管 林月　　复核 于军　　记账 石力　　制表 孙悦

▼图表 19-3　记账凭证 3▼

记　账　凭　证

凭证编号 3

2018 年 12 月 3 日

摘要	借方		贷方		金额							
	一级	二级	一级	二级	十	万	千	百	十	元	角	分
购入材料	在途物资	A 材料				2	0	3	0	0	0	0
1000 千克	应交税费	应交增值税（进项）					3	4	0	0	0	0
			银行存款			2	3	7	0	0	0	0

附凭证 3 张

会计主管 林月　　复核 于军　　记账 石力　　制表 孙悦

▼图表 19-4　记账凭证 4▼

记　账　凭　证

凭证编号 4

2018 年 12 月 4 日

摘要	借方		贷方		金额							
	一级	二级	一级	二级	十	万	千	百	十	元	角	分
材料入库	原材料	A 材料				2	0	3	0	0	0	0
			在途物资	A 材料		2	0	3	0	0	0	0

附凭证 1 张

会计主管 林月　　复核 于军　　记账 石力　　制表 孙悦

▼图表 19-5　记账凭证 5▼

记　账　凭　证

凭证编号 5

2018年 12 月5日

摘　要	借　方		贷　方		金　额							
	一级	二级	一级	二级	十	万	千	百	十	元	角	分
提现金	库存现金						3	0	0	0	0	0
			银行存款				3	0	0	0	0	0

附凭证 1 张

会计主管 林月　　复核 于军　　记账 石力　　制表 孙悦

▼图表 19-6　记账凭证 6▼

记　账　凭　证

凭证编号 6

2018年 12 月6日

摘　要	借　方		贷　方		金　额							
	一级	二级	一级	二级	十	万	千	百	十	元	角	分
预借差旅费	其他应收款	李海					3	0	0	0	0	0
			库存现金				3	0	0	0	0	0

附凭证 1 张

会计主管 林月　　复核 于军　　记账 石力　　制表 孙悦

▼图表 19-7　记账凭证 7▼

记　账　凭　证

凭证编号 7

2018年 12 月7日

摘　要	借　方		贷　方		金　额							
	一级	二级	一级	二级	十	万	千	百	十	元	角	分
支付报刊费	管理费用	电报费							1	8	6	0
			库存现金						1	8	6	0

附凭证 2 张

会计主管 林月　　复核 于军　　记账 石力　　制表 孙悦

▼图表 19-8　记账凭证 8▼

记　账　凭　证　　　　凭证编号 8

2018 年 12 月 8 日

摘要	借方		贷方		金额							
	一级	二级	一级	二级	十	万	千	百	十	元	角	分
销售甲产品	银行存款					5	9	6	7	0	0	0
400 件			主营业务收入			5	1	0	0	0	0	0
乙产品 300 件			应交税费	应交增值税（销项）			8	6	7	0	0	0

附凭证 2 张

会计主管 林月　　复核 于军　　记账 石力　　制表 孙悦

▼图表 19-9　记账凭证 9▼

记　账　凭　证　　　　凭证编号 9

2018 年 12 月 9 日

摘要	借方		贷方		金额							
	一级	二级	一级	二级	十	万	千	百	十	元	角	分
提现金	库存现金						1	6	8	0	0	0
			银行存款				1	6	8	0	0	0

附凭证 2 张

会计主管 林月　　复核 于军　　记账 石力　　制表 孙悦

▼图表 19-10　记账凭证 10▼

记　账　凭　证　　　　凭证编号 10

2018 年 12 月 10 日

摘要	借方		贷方		金额							
	一级	二级	一级	二级	十	万	千	百	十	元	角	分
上缴税金	应交税费	应交所得税					5	0	0	0	0	0
			银行存款				5	0	0	0	0	0

附凭证 2 张

会计主管 林月　　复核 于军　　记账 石力　　制表 孙悦

▼图表 19-11　记账凭证 11▼

记　账　凭　证

凭证编号 11

2018 年 *12* 月 *11* 日

摘　要	借　方		贷　方		金　额							
	一级	二级	一级	二级	十	万	千	百	十	元	角	分
收回欠款	银行存款					*8*	*0*	*0*	*0*	*0*	*0*	*0*
			应收账款	宏伟公司		*8*	*0*	*0*	*0*	*0*	*0*	*0*

附凭证 1 张

会计主管 林月　　复核 于军　　记账 石力　　制表 孙悦

▼图表 19-12　记账凭证 12▼

记　账　凭　证

凭证编号 12

2018 年 *12* 月 *12* 日

摘　要	借　方		贷　方		金　额							
	一级	二级	一级	二级	十	万	千	百	十	元	角	分
支付广告费	销售费用	广告费					*2*	*6*	*0*	*0*	*0*	*0*
			银行存款				*2*	*6*	*0*	*0*	*0*	*0*

附凭证 2 张

会计主管 林月　　复核 于军　　记账 石力　　制表 孙悦

▼图表 19-13　记账凭证 13▼

记　账　凭　证

凭证编号 13

2018 年 *12* 月 *13* 日

摘　要	借　方		贷　方		金　额							
	一级	二级	一级	二级	十	万	千	百	十	元	角	分
报销返回	管理费用						*1*	*6*	*0*	*0*	*0*	*0*
	库存现金							*4*	*0*	*0*	*0*	*0*
			其他应收款	李海			*2*	*0*	*0*	*0*	*0*	*0*

附凭证 1 张

会计主管 林月　　复核 于军　　记账 石力　　制表 孙悦

▼图表 19-14 记账凭证 14▼

记 账 凭 证

凭证编号 14

2018 年 12 月 14 日

摘要	借方		贷方		金额							
	一级	二级	一级	二级	十	万	千	百	十	元	角	分
将现金存入银行	银行存款						5	0	0	0	0	0
			库存现金				5	0	0	0	0	0

附凭证 1 张

会计主管 林月　　复核 于军　　记账 石力　　制表 孙悦

▼图表 19-15 记账凭证 15▼

记 账 凭 证

凭证编号 15

2018 年 12 月 15 日

摘要	借方		贷方		金额							
	一级	二级	一级	二级	十	万	千	百	十	元	角	分
偿还欠款	应付账款	建华工厂				3	9	0	0	0	0	0
			银行存款			3	9	0	0	0	0	0

附凭证 2 张

会计主管 林月　　复核 于军　　记账 石力　　制表 孙悦

▼图表 19-16 记账凭证 16▼

记 账 凭 证

凭证编号 16

2018 年 12 月 16 日

摘要	借方		贷方		金额							
	一级	二级	一级	二级	十	万	千	百	十	元	角	分
支付培训费	管理费用	培训费						5	0	0	0	0
			银行存款					5	0	0	0	0

附凭证 2 张

会计主管 林月　　复核 于军　　记账 石力　　制表 孙悦

▼图表 19-17　记账凭证 17▼

记　账　凭　证

凭证编号 17

2018 年 12 月 17 日

摘　要	借　方		贷　方		金　额							
	一级	二级	一级	二级	十	万	千	百	十	元	角	分
偿还借款	短期借款	生产周转					5	0	0	0	0	0
			银行存款				5	0	0	0	0	0

附凭证 2 张

会计主管 林月　　复核 于军　　记账 石力　　制表 孙悦

▼图表 19-18　记账凭证 18▼

记　账　凭　证

凭证编号 18

2018 年 12 月 18 日

摘　要	借　方		贷　方		金　额							
	一级	二级	一级	二级	十	万	千	百	十	元	角	分
购入办公用品	管理费用	办公费							5	0	0	0
			库存现金						5	0	0	0

附凭证 1 张

会计主管 林月　　复核 于军　　记账 石力　　制表 孙悦

▼图表 19-19　记账凭证 19▼

记　账　凭　证

凭证编号 19

2018 年 12 月 19 日

摘　要	借　方		贷　方		金　额							
	一级	二级	一级	二级	十	万	千	百	十	元	角	分
提现金	库存现金					4	0	0	0	0	0	0
			银行存款			4	0	0	0	0	0	0

附凭证 1 张

会计主管 林月　　复核 于军　　记账 石力　　制表 孙悦

▼图表 19-20　记账凭证 20▼

记　账　凭　证

凭证编号 20

2018 年 12 月 20 日

摘　要	借　方		贷　方		金　额							
	一级	二级	一级	二级	十	万	千	百	十	元	角	分
发放工资	应付职工薪酬	工资				4	0	0	0	0	0	0
			库存现金			4	0	0	0	0	0	0

附凭证 1 张

会计主管 林月　　复核 于军　　记账 石力　　制表 孙悦

▼图表 19-21　记账凭证 21▼

记　账　凭　证

凭证编号 21

2018 年 12 月 21 日

摘　要	借　方		贷　方		金　额							
	一级	二级	一级	二级	十	万	千	百	十	元	角	分
支付印刷费	管理费用	印刷费					1	0	0	0	0	0
			银行存款				1	0	0	0	0	0

附凭证 2 张

会计主管 林月　　复核 于军　　记账 石力　　制表 孙悦

▼图表 19-22　记账凭证 22▼

记　账　凭　证

凭证编号 22

2018 年 12 月 22 日

摘　要	借　方		贷　方		金　额							
	一级	二级	一级	二级	十	万	千	百	十	元	角	分
报销药费	应付职工薪酬	社会保险费							2	5	0	0
			库存现金						2	5	0	0

附凭证 1 张

会计主管 林月　　复核 于军　　记账 石力　　制表 孙悦

▼图表 19-23　记账凭证 23▼

记　账　凭　证

凭证编号 23

2018年 12 月 23 日

摘　要	借　方		贷　方		金　额								
	一级	二级	一级	二级	十	万	千	百	十	元	角	分	附凭证
报销托儿费	应付职工薪酬	职工福利							2	5	0	0	
			库存现金						2	5	0	0	1
													张

会计主管 林月　　复核 于军　　记账 石力　　制表 孙悦

▼图表 19-24　记账凭证 24▼

记　账　凭　证

凭证编号 24

2018年 12 月 26 日

摘　要	借　方			贷　方		金　额								
	一级	二级	三级	一级	二级	十	万	千	百	十	元	角	分	附凭证
领用A材料	生产成本	基本生产	甲产品				1	0	1	0	0	0	0	
1800千克	生产成本	基本生产	乙产品					8	0	8	0	0	0	
	制造费用	材料费							5	0	5	0	0	1
	管理费用	材料费							2	0	2	0	0	张
				原材料	A材料		1	8	8	8	7	0	0	

会计主管 林月　　复核 于军　　记账 石力　　制表 孙悦

▼图表 19-25　记账凭证 25▼

记　账　凭　证

凭证编号 25

2018年 12 月 31 日

摘　要	借　方			贷　方		金　额								
	一级	二级	三级	一级	二级	十	万	千	百	十	元	角	分	附凭证
分配工资	生产成本	基本生产	甲产品				2	0	0	0	0	0	0	
	生产成本	基本生产	乙产品				1	5	0	0	0	0	0	
	制造费用	工资						3	0	0	0	0	0	1
	管理费用	工资						2	0	0	0	0	0	张
				应付职工薪酬	工资		4	0	0	0	0	0	0	

会计主管 林月　　复核 于军　　记账 石力　　制表 孙悦

▼图表 19-26 记账凭证 26▼

记 账 凭 证

凭证编号 26

2018 年 12 月 31 日

摘要	借方		贷方		金额								附凭证
	一级	二级	一级	二级	十	万	千	百	十	元	角	分	
计提折旧	制造费用	折旧费				3	4	0	0	0	0	0	
	管理费用	折旧费					4	0	0	0	0	0	1
			累计折旧			3	8	0	0	0	0	0	张

会计主管 林月 复核 于军 记账 石力 制表 孙悦

▼图表 19-27 记账凭证 27▼

记 账 凭 证

凭证编号 27

2018 年 12 月 31 日

摘要	借方			贷方		金额								附凭证
	一级	二级	三级	一级	二级	十	万	千	百	十	元	角	分	
计提福利费	生产成本	基本生产	甲产品					2	8	0	0	0	0	
	生产成本	基本生产	乙产品					2	1	0	0	0	0	
	制造费用	福利费							4	2	0	0	0	1
	管理费用	福利费							2	8	0	0	0	
				应付职工薪酬				5	6	0	0	0	0	张

会计主管 林月 复核 于军 记账 石力 制表 孙悦

▼图表 19-28 记账凭证 28▼

记 账 凭 证

凭证编号 28

2018 年 12 月 31 日

摘要	借方			贷方		金额								附凭证
	一级	二级	三级	一级	二级	十	万	千	百	十	元	角	分	
分配费用	生产成本	基本生产	甲产品				3	0	3	4	0	0	0	
	生产成本	基本生产	乙产品					7	5	8	5	0	0	1
				制造费用			3	7	9	2	5	0	0	
														张

会计主管 林月 复核 于军 记账 石力 制表 孙悦

▼图表 19-29　记账凭证 29▼

记　账　凭　证

凭证编号 29

2018年 12 月 31 日

摘　要	借　方		贷　方			金　额							
	一级	二级	一级	二级	三级	十	万	千	百	十	元	角	分
完工入库	库存商品	甲产品					6	3	2	4	0	0	0
甲 1 000 件	库存商品	乙产品					3	2	7	6	5	0	0
乙 1 000 件			生产成本	基本生产	甲产品		6	3	2	4	0	0	0
			生产成本	基本生产	乙产品		3	2	7	6	5	0	0

附凭证 1 张

会计主管 林月　　复核 于军　　记账 石力　　制表 孙悦

▼图表 19-30　记账凭证 30▼

记　账　凭　证

凭证编号 30

2018年 12 月 31 日

摘　要	借　方		贷　方		金　额							
	一级	二级	一级	二级	十	万	千	百	十	元	角	分
转销售成本	主营业务成本	甲产品				2	5	2	9	6	0	0
甲产品400件	主营业务成本	乙产品					9	8	2	9	5	0
乙产品300件			库存商品	甲产品		2	5	2	9	6	0	0
			库存商品	乙产品			9	8	2	9	5	0

附凭证 1 张

会计主管 林月　　复核 于军　　记账 石力　　制表 孙悦

▼图表 19-31　记账凭证 31▼

记　账　凭　证

凭证编号 31

2018年 12 月 31 日

摘　要	借　方		贷　方		金　额							
	一级	二级	一级	二级	十	万	千	百	十	元	角	分
转收入	主营业务收入	汽车				5	1	0	0	0	0	0
			本年利润			5	1	0	0	0	0	0

附凭证 1 张

会计主管 林月　　复核 于军　　记账 石力　　制表 孙悦

▼图表 19-32　记账凭证 32▼

记　账　凭　证

凭证编号 32

2018 年 12 月 31 日

摘　要	借　方		贷　方		金　额								
	一级	二级	一级	二级	十	万	千	百	十	元	角	分	附凭证
转支出	本年利润					4	7	4	0	1	1	0	
			主营业务成本			3	5	1	2	5	5	0	
			销售费用				2	6	0	0	0	0	1
			管理费用				9	6	7	5	6	0	张

会计主管 林月　　复核 于军　　记账 石力　　制表 孙悦

▼图表 19-33　记账凭证汇总表 1▼

记账凭证汇总表

2018 年 12 月 1 日至 10 日　　汇字第 34 号

账户名称	本月发生额		总账页数
	借　方	贷　方	
库存现金	4 680	3 018.60	
银行存款	234 670	33 380	
应收账款		85 000	
其他应收款	3 000		
在途物资	20 300	20 300	
原材料	20 300		
固定资产			
短期借款		90 000	
应交税费	8 400	8670	
主营业务收入		51 000	
管理费用	18.60		
合　计	291 368.60	291 368.60	

会计主管：林月　　记账：石力　　复核：于军　　制表：孙悦

▼图表 19-34　记账凭证汇总表 2▼

记账凭证汇总表

2018 年 **12** 月 **11** 日至 **20** 日　　　　汇字第 35 号

账户名称	本月发生额		总账页数
	借　方	贷　方	
库存现金	40 400	45 050	
银行存款	85 000	87 100	
应收账款		80 000	
其他应收款		2 000	
短期借款	5 000		
应付账款	39 000		
应付职工薪酬	40 000		
销售费用	2 600		
管理费用	2 150		
合　计	214 150	214 150	

会计主管：林月　　记账：石力　　复核：于军　　制表：孙悦

▼图表 19-35　记账凭证汇总表 3▼

记账凭证汇总表

2018 年 **12** 月 **21** 日至 **30** 日　　　　汇字第 36 号

账户名称	本月发生额		总账页数
	借　方	贷　方	
库存现金		50	
银行存款		1 000	
原材料		18 887	
库存商品	96 005	35 125.5	
累计折旧		38 000	
应付职工薪酬	50	45 600	
本年利润	47 401.1	51 000	
生产成本	96 005	96 005	
制造费用	37 925.5	37 925.5	
主营业务收入	51 000		

续表

账户名称	本月发生额		总账页数
	借　方	贷　方	
主营业务成本	35 125	35 125	
销售费用		2 600	
管理费用	7 482	9 675.6	
合　计	370 993.60	370 993.60	

会计主管：林月　　记账：石力　　复核：于军　　制表：孙悦

▼图表 19-36　银行对账单▼

中国工商银行对账单

存款单位：吉林省丰润有限责任公司　　账号：000564678023112010

2018 年		摘要	收入	付出	收或付	余额
月	日					
12	1	承前页				363 000.00
	2	借款凭证 211	90 000.00			453 000.00
	3	信汇 046	85 000.00			538 000.00
	4	转支 705		23 700.00		514 300.00
	5	现支 151		3 000.00		511 300.00
	8	转账进账单 121	59 670.00			570 970.00
	8	银行汇票 391		1 680.00		569 290.00
	10	缴款书 05921		5 000.00		564 290.00
	11	信汇 566	80 000.00			644 290.00
	12	转支 710		2 600.00		641 690.00
	14	库存现金存款单 471	5 000.00			646 690.00
	15	信汇 599		39 000.00		607 690.00
	16	转支 711		500.00		607 190.00
	17	特转传票 6217		5 000.00		602 190.00
	19	现支 529		40 000.00		562 190.00
	30	委托收款 446	3 000.00			565 190.00
	31	借款利息通知 120		150.00		565 040.00

编制总分类账户试算平衡表（见图表 19-37）、总分类账户与明细分类账户核对表（见图表 19-38）和银行存款余额调节表（见图表 19-39）。

▼图表 19-37　总分类账户试算平衡表▼

总分类账户试算平衡表

年　月　　　　　　　金额单位：　　　　第　页

账户名称	期初余额		本期发生额		期末余额	
	借方	贷方	借方	贷方	借方	贷方

▼图表 19-38　账户核对表▼

总分类账户与明细分类账户核对表

年　月　　　　　　　　　　　　　　　　　　　　金额单位：

账户名称		期初余额		本期发生额		期末余额	
总分类账户	明细分类账户	借方	贷方	借方	贷方	借方	贷方

▼图表 19-39　银行存款余额调节表▼

银行存款余额调节表

编制单位：　　　　　　　　　　年　月　日　　　　　　　　　　金额单位：

项目	金额	项目	金额
银行对账单上的存款余额 加： 减：		企业日记账上的存款余额 加： 减：	
调节后的存款余额		调节后的存款余额	

演练二

实训目的

根据复核无误的会计凭证准确地登记库存现金日记账，熟练地进行对账并进行结账。

实训环境

会计模拟实验室，配有相关业务原始凭证、记账凭证和各类账簿。

实训要求

（1）根据资料一开设库存现金日记账。

（2）根据发生的经济业务编制记账凭证。逐日逐笔登记开设的序时账。

（3）对库存现金日记账进行月结。

实训资料

资料一：2018 年 10 月月末，吉林省丰润有限责任公司“库存现金”日记账借方余额为 5 000 元。10 份发生下列有关库存现金的经济业务：

（1）10 月 1 日，开出现金支票从银行提取库存现金 2 000 元备用。

（2）10 月 8 日，供销业务员李明出差，预支差旅费 1 000 元，支付现金。

（3）10 月 15 日，以库存现金 500 元支付办公用品费。

（4）10 月 20 日，将库存现金 3 000 元存入银行。

（5）10 月 25 日，以库存现金 1 200 元支付招待费。

根据经济业务填制记账凭证（见图表 19-40 至图表 19-44），并登记库存现金日记账（见图表 19-45）。

▼图表 19-40　记账凭证 33▼

记　账　凭　证　　　　凭证编号____

年　月　日

摘要	借方		贷方		金额								
	一级	二级	一级	二级	十	万	千	百	十	元	角	分	附凭证　张

会计主管 林月　　复核 于军　　记账 石力　　制表 孙悦

▼图表 19-41 记账凭证 34▼

记 账 凭 证

凭证编号____

年 月 日

摘 要	借 方		贷 方		金 额							
	一级	二级	一级	二级	十	万	千	百	十	元	角	分

附凭证 张

会计主管 林月 复核 于军 记账 石力 制表 孙悦

▼图表 19-42 记账凭证 35▼

记 账 凭 证

凭证编号____

年 月 日

摘 要	借 方		贷 方		金 额							
	一级	二级	一级	二级	十	万	千	百	十	元	角	分

附凭证 张

会计主管 林月 复核 于军 记账 石力 制表 孙悦

▼图表 19-43 记账凭证 36▼

记 账 凭 证

凭证编号____

年 月 日

摘 要	借 方		贷 方		金 额							
	一级	二级	一级	二级	十	万	千	百	十	元	角	分

附凭证 张

会计主管 林月 复核 于军 记账 石力 制表 孙悦

▼图表 19-44　记账凭证 37▼

记　账　凭　证　　　　凭证编号____

年　　月　　日

摘要	借方		贷方		金额								
	一级	二级	一级	二级	十	万	千	百	十	元	角	分	附凭证
													张

会计主管 林月　　复核 于军　　记账 石力　　制表 孙悦

▼图表 19-45　库存现金日记账▼

库存现金日记账　　　　第　页

年		凭证号	摘要	对方账户	借方	贷方	借或贷	余额
月	日							

演练三

实训目的

了解错账的类型，掌握错账更正的方法，熟练地对错账进行更正。

实训环境

会计模拟实验室，配有相关业务原始凭证、记账凭证和各类账簿。

实训要求

（1）根据发生的经济业务编制的错误记账凭证，说明采用什么方法进行更正。

（2）编制更正错误的记账凭证。

实训资料

2018 年 11 月份，吉林省丰润有限责任公司发生下列有关错账的经济业务：

（1）记账凭证编制的正确，记账时将 1 256.00 元误记为 1 526.00 元。

（2）生产车间生产产品直接耗用一批材料，价值 2 000 元。会计分录误编为：

借：制造费用　　　　　　　　2 000
　贷：原材料　　　　　　　　　2 000

（3）生产车间生产产品直接耗用一批材料，价值 300 元。会计分录误编为：

借：生产成本　　　　　　　　3 000
　贷：原材料　　　　　　　　　3 000

（4）生产车间生产产品直接耗用一批材料，价值 3 000 元。会计分录误编为：

借：生产成本　　　　　　　　300
　贷：原材料　　　　　　　　　300

根据相关经济业务编制记账凭证，如图表 19-46 至图表 19-49 所示。

▼图表 19-46　记账凭证 38▼

记　账　凭　证

凭证编号____

年　月　日

摘　要	借　方		贷　方		金　额							
	一级	二级	一级	二级	十	万	千	百	十	元	角	分

附凭证　张

会计主管 林月　　复核 于军　　记账 石力　　制表 孙悦

▼图表 19-47　记账凭证 39▼

记　账　凭　证

凭证编号____

年　月　日

摘　要	借　方		贷　方		金　额							
	一级	二级	一级	二级	十	万	千	百	十	元	角	分

附凭证　张

会计主管 林月　　复核 于军　　记账 石力　　制表 孙悦

▼图表 19-48　记账凭证 40▼

记　账　凭　证

凭证编号____

年　月　日

摘　要	借　方		贷　方		金　额								
	一级	二级	一级	二级	十	万	千	百	十	元	角	分	附凭证　张

会计主管 林月　　复核 于军　　记账 石力　　制表 孙悦

▼图表 19-49　记账凭证 41▼

记　账　凭　证

凭证编号____

年　月　日

摘　要	借　方		贷　方		金　额								
	一级	二级	一级	二级	十	万	千	百	十	元	角	分	附凭证　张

会计主管 林月　　复核 于军　　记账 石力　　制表 孙悦

演练四

实训目的

了解总账和明细账的关系，掌握总账和明细账平行登记的要点和方法。

实训环境

会计模拟实验室，配有相关业务原始凭证、记账凭证和各类账簿。

实训要求

（1）根据发生的经济业务编制记账凭证。

（2）根据编制的记账凭证登记原材料总分类账和明细分类账。

（3）根据平行登记的要点，核对原材料总分类账和明细分类账的余额。

实训资料

资料一：2018 年 11 月月末，吉林省丰润有限责任公司有关账户的期初余额如下：

（1）总分类账：

① 原材料 179 000 元；②应付账款 90 000 元。

（2）明细分类账：

① 原材料期初余额如图表 19-50 所示。

▼图表 19-50　原材料期初余额▼

原材料	单位	数量	单价	金额
甲材料	千克	10 000	5.60	56 000
乙材料	千克	20	2 400	48 000
丙材料	件	2 500	30	75 000
合计				179 000

② 应付账款期初余额如图表 19-51 所示。

▼图表 19-51　应付账款期初余额▼

供货单位	余额
华兴公司	40 000
祥瑞公司	30 000
迅达公司	20 000
合计	90 000

资料二：2018 年 12 月月末，吉林省丰润有限责任公司发生经济业务如下：

（1）12 月 5 日，向华兴公司购入甲材料 30 000 千克，每千克 5.60 元，计 168 000 元；购入乙材料 30 吨，每吨 2 400 元，计 72 000 元，材料已验收入库，货款以银行存款付讫。

（2）12 月 20 日，向华兴公司购入甲材料 20 000 千克，每千克 5.60 元，计 112 000 元，材料验收入库，货款尚未支付。

（3）12 月 26 日，向迅达公司购入丙材料 7 500 件，每件 30 元，计 225 000 元，材料验收入库，货款尚未支付。

（4）12 月 30 日，材料仓库本月共发出投入产品生产的各种材料如图表 19-52 所示。

▼图表 19-52　原材料领料单▼

原材料	单位	数量	单价	金额
甲材料	千克	40 000	5.60	224 000
乙材料	千克	40	2 400	96 000
丙材料	件	8 000	30	240 000
合计				560 000

根据相关经济业务编制记账凭证，如图表 19-53 至图表 19-56 所示。登记总分类账（见图表 19-57）和原材料明细分类账（见图表 19-58 至图表 19-60）。

▼图表 19-53　记账凭证 42▼

记　账　凭　证　　　　凭证编号____

年　月　日

摘要	借方		贷方		金额								附凭证　张
	一级	二级	一级	二级	十	万	千	百	十	元	角	分	

会计主管　林月　　　复核　于军　　　记账　石力　　　制表　孙悦

▼图表 19-54　记账凭证 43▼

记　账　凭　证　　　　凭证编号____

年　月　日

摘要	借方		贷方		金额								附凭证　张
	一级	二级	一级	二级	十	万	千	百	十	元	角	分	

会计主管　林月　　　复核　于军　　　记账　石力　　　制表　孙悦

▼图表 19-55 记账凭证 44▼

记 账 凭 证

凭证编号____

年 月 日

摘 要	借 方		贷 方		金 额							
	一级	二级	一级	二级	十	万	千	百	十	元	角	分

附凭证 张

会计主管 林月　　复核 于军　　记账 石力　　制表 孙悦

▼图表 19-56 记账凭证 45▼

记 账 凭 证

凭证编号____

年 月 日

摘 要	借 方		贷 方		金 额							
	一级	二级	一级	二级	十	万	千	百	十	元	角	分

附凭证 张

会计主管 林月　　复核 于军　　记账 石力　　制表 孙悦

▼图表 19-57 总分类账▼

总 分 类 账

会计科目：原材料

2018 年		凭证号	摘要	借方	贷方	借或贷	余额
月	日						

▼图表 19-58 原材料明细分类账 1▼

原材料明细分类账

类别： 编号：
品名或规格： 储备定额：
存放地点： 计量单位：

年		凭证号	摘要	收入			发出			结存		
月	日			数量	单价	金额	数量	单价	金额	数量	单价	金额

▼图表 19-59 原材料明细分类账 2▼

原材料明细分类账

类别： 编号：
品名或规格： 储备定额：
存放地点： 计量单位：

年		凭证号	摘要	收入			发出			结存		
月	日			数量	单价	金额	数量	单价	金额	数量	单价	金额

▼图表 19-60　原材料明细分类账 3▼

原材料明细分类账

类别：　　　　　　　　　　　　　　　　　　　　　　　编号：
品名或规格：　　　　　　　　　　　　　　　　　　　　储备定额：
存放地点：　　　　　　　　　　　　　　　　　　　　　计量单位：

年		凭证号	摘要	收入			发出			结存		
月	日			数量	单价	金额	数量	单价	金额	数量	单价	金额

模块 20

财务报告会计岗位实训演练

实训目的

通过实训演练，使学生了解财务报告会计岗位的职责，了解会计报表的种类，明确编制资产负债表、利润表的理论依据，熟悉资产负债表、利润表的基本结构和填制资料的来源，掌握对外报送会计报表的流程、要求和方法，掌握会计报表的简要分析方法。

实训环境

会计模拟实验室，配有一个月的结账的所有总分类账簿与明细分类账簿及会计报表。

实训要求

（1）掌握资产负债表的编制方法和技能，要求根据图表 20-1(a)、图表 20-1(b)和图表 20-1(c)编制资产负债表。

（2）掌握利润表的编制方法和技能，要求根据图表 20-3 编制利润表。

（3）根据会计报表的有关资料分析企业的短期偿债能力和嬴利能力。

实训资料

【实训 1】吉林省通达有限责任公司 2018 年 12 月 31 日的资产负债表、2019 年 12 月 31 日的总分类账户余额表、明细账户余额表分别如图表 20-1(a)、图表 20-1(b)和图 20-1(c)所示。根据所给资料编制吉林省通达有限责任公司 2019 年 12 月份的资产负债表，如图表 20-2 所示。并查找报表格式变化的法律依据。

【实训 2】吉林省通达有限责任公司 2019 年 12 月份各损益类账户的发生额如图表 20-3 所示，根据各损益类账户发生额编制吉林省通达有限责任公司 2019 年 12 月份的利润表，如图表 20-4 所示。

▼图表 20-1(a)　上年度资产负债表▼

资产负债表

会企：01 表

2018 年 **12** 月 **31** 日

编制单位：吉林省通达有限责任公司　　　　单位：元

资　　产	期末余额	年初余额	负债和所有者权益	期末余额	年初余额
流动资产：			流动负债：		
货币资金	2 359 990		短期借款	210 000	
交易性金融资产			交易性金融负债		
应收票据			应付票据		
应收账款			应付账款		
预付账款	9 000		预收账款		
应收利息			应付职工薪酬	7 140	
应收股利			应交税费	155 700.08	
其他应收款			应付利息		
存货	80 020		应付股利	3 000	
一年内到期的非流动资产			其他应付款		
其他流动资产			一年内到期的非流动负债		
流动资产合计	2 449 010		其他流动负债		
非流动资产：			流动负债合计	375 840.08	
可供出售金融资产			非流动负债：		
持有至到期投资			长期借款	100 000	
长期应收款			应付债券		
长期股权投资			长期应付款		
投资性房地产			专项应付款		
固定资产	795 700		预计负债		
在建工程			递延所得税负债		
工程物资			其他非流动负债		
固定资产清理			非流动负债合计	100 000	
生产性生物资产			负债合计	475 840.08	
油气资产			所有者权益（或股东权益）：		
无形资产	180 000		实收资本（或股本）	2 460 000	
开发支出			资本公积	435 000	
商誉			减：库存股		
长期待摊费用			盈余公积	20 318.87	
其他非流动资产			未分配利润	33 551.05	
非流动资产总计			所有者（或股东）权益合计	2 948 869.92	
资产总计	3 424 710		负债和所有者权益合计	3 424 710	

▼图表 20-1(b)　总分类账户余额表▼

总分类账户余额表

资产类账户	余　额	负债和所有者权益类账户	余　额
库存现金	19 620	短期借款	1 878 590
银行存款	172 533	应付票据	650 480
其他货币资金	381 062	应付账款	850 000
交易性金融资产	630 000	预收账款	688 816
应收票据	264 740	其他应付款	184 630
应收账款	2 864 270	应付职工薪酬	167 298
坏账准备	–14 321	应付股利	70 050
预付账款	394 576	应交税费	434 242.68
其他应收款	37 947	长期借款	282 000
材料采购	241 000	实收资本	8 000 000
库存商品	3 214 340	资本公积	374 000
周转材料	420 000	盈余公积	708 373.55
长期股权投资	900 000	利润分配	287 391.77
固定资产	6 300 000		
累计折旧	–1 812 300		
在建工程	527 400		
无形资产	35 005		

▼图表 20-1(c)　明细账户余额表▼

明细账户余额表

账　户		借　方	贷　方
应收账款	A 企业	3 324 340	
	B 企业		460 070
应付账款	C 企业	100 000	
	D 企业		950 000
预付账款	E 企业		90 000
	F 企业	484 576	

其他有关资料如下：长期债权投资中，一年内到期的债券投资为 300 000 元；长期借款中，一年内到期的借款为 40 000 元。

▼图表 20-2　资产负债表▼

资产负债表

会企 01 表

编制单位：　　　　　　　　　　　　年　月　日　　　　　　　　　　　　单位：元

资　　产	期末余额	年初余额	负债和所有者权益（或股东权益）	期末余额	年初余额
流动资产：			流动负债：		
货币资金			短期借款		
交易性金融资产			交易性金融负债		
衍生金融资产			衍生金融负债		
应收票据			应付票据		
应收账款			应付账款		
应收款项融资			预收款项		
预付款项			合同负债		
其他应收款			应付职工薪酬		
存货			应交税费		
合同资产			其他应付款		
持有待售资产			持有待售负债		
一年内到期的非流动资产			一年内到期的非流动负债		
其他流动资产			其他流动负债		
流动资产合计			流动负债合计		
非流动资产：			非流动负债：		
债权投资			长期借款		
其他债权投资			应付债券		
长期应收款			租赁负债		
长期股权投资			长期应付款		
其他权益工具投资			预计负债		
其他非流动金融资产			递延收益		
投资性房地产			递延所得税负债		
固定资产			其他非流动负债		
在建工程			非流动负债合计		
生产性生物资产			负债合计		
油气资产			所有者权益（或股东权益）：		
使用权资产			实收资本（或股本）		
无形资产			其他权益工具		
开发支出			资本公积		
商誉			减：库存股		
长期待摊费用			其他综合收益		
递延所得税资产			专项储备		
其他非流动资产			盈余公积		
非流动资产合计			未分配利润		
			所有者权益（或股东权益）合计		
资产总计			负债和所有者权益（或股东权益）总计		

▼图表 20-3　各损益类账户发生额▼

各损益类账户发生额

会计科目	12 月份发生额
主营业务收入	267 400
主营业务成本	158 700
销售费用	2 914.15
税金及附加	3 009.67
其他业务收入	179 800
其他业务成本	142 200
管理费用	7 290
财务费用	3 000
投资收益	21 000
营业外收入	48 000
营业外支出	22 027.59
资产减值损失	2 321.35
所得税费用	43 684.31

▼图表 20-4　利润表▼

利 润 表（简表）

会企：02 表

编制单位：　　　　　　____年__月　　　　　　单位：元

项　　目	本期金额	上期金额
一、营业收入		
减：营业成本		
税金及附加		
销售费用		
管理费用		
研发费用		
财务费用		
其中：利息费用		
利息收入		
加：其他收益		
投资收益（损失以“—”号填列）		
其中：对联营企业和合营企业的投资收益		
以摊余成本计量金融资产终止确认收益（损失以“—”号填列）		
公允价值变动收益（损失以“—”号填列）		
信用减值损失（损失以“—”号填列）		
资产减值损失（损失以“—”号填列）		
资产处置收益（损失以“—”号填列）		

续表

项　　目	本期金额	上期金额
二、营业利润（亏损以“－”号填列）		
加：营业外收入		
减：营业外支出		
三、利润总额（亏损总额以“－”号填列）		
减：所得税费用		
四、净利润（净亏损以“－”号填列）		
（一）持续经营净利润（净亏损以“－”号填列）		
（一）终止经营净利润（净亏损以“－”号填列）		
五、其他综合收益的税后净额		
（一）不能重分类进损益的其他综合收益		
（二）将重分类进损益的其他综合收益		
六、综合收益总额		
七、每股收益		
（一）基本每股收益		
（二）稀释每股收益		

反侵权盗版声明